摩訶毗盧遮那佛

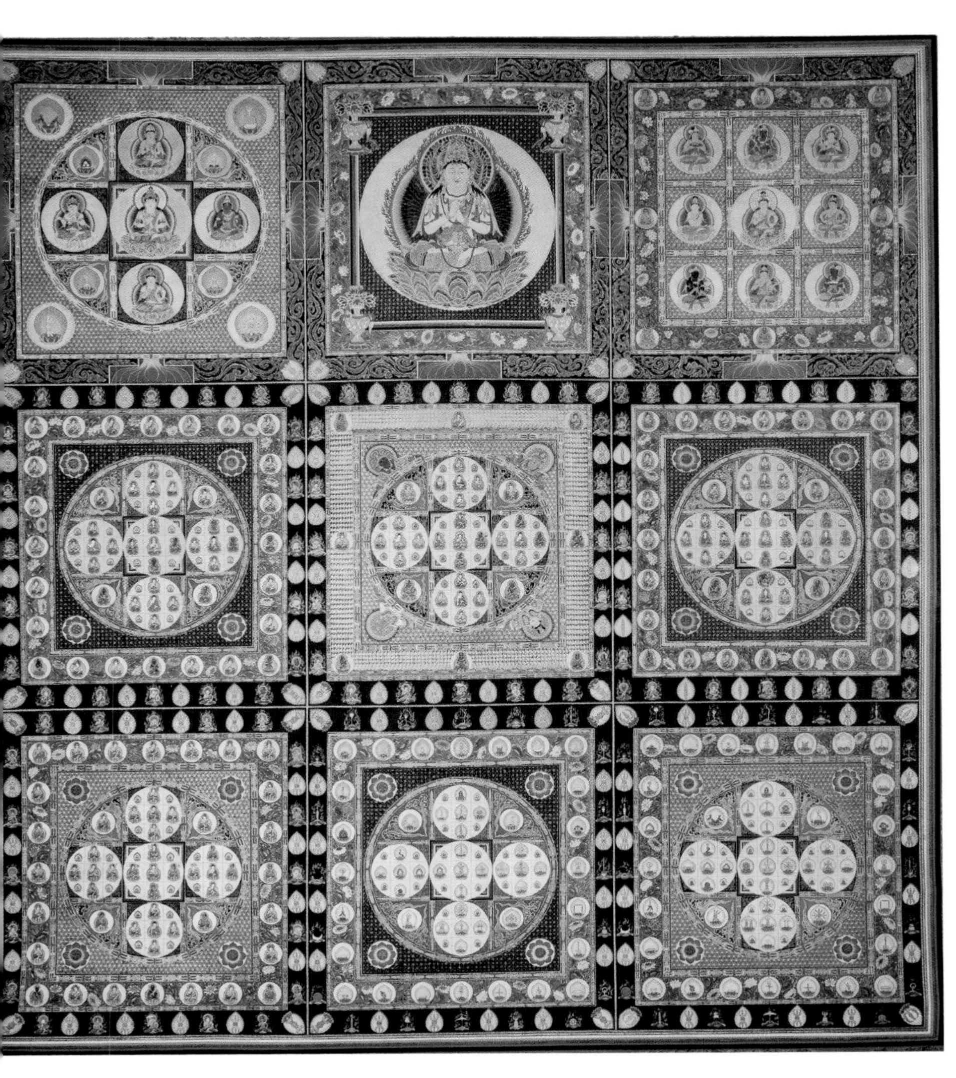

金剛界曼荼羅

胎藏界曼荼羅

日本佛教真言宗高野山派金剛峰寺中院流第五十四世傳法大阿闍梨
中國佛教真言宗五智山光明王寺光明流第一代傳燈大阿闍梨

悟光上師法相

「智理文化」系列宗旨

「智理」明言

中華智慧對現代的人類精神生活，漸漸已失去影響力。現代人，大多是信仰科學而成為無視中華智慧者，所以才沒有辦法正視中華智慧的本質，這也正正是現代人空虛、不安，以及心智貧乏的根源。

有見及此，我們希望透過建立「智理文化」系列，從而在「讓中華智慧恢復、積極改造人性」這使命的最基礎部分作出貢獻：「智理文化」系列必會以正智、真理的立場，深入中華智慧的各個領域，為現代人提供不可不讀的好書、中華智慧典範的著作。這樣才有辦法推動人類的進步。我們所出版的書籍，必定都是嚴謹、粹實、繼承中華智慧的作品；絕不是一時嘩眾取寵的流行性作品。

何以名為「智理文化」？

佛家說：「無漏之正『智』，能契合於所緣之真『理』，謂之證。」這正正道出中華智慧是一種「提升人類之心智以契合於真理」的實證活動。唯有實證了「以心智契合於真理」，方能顯示人的生活實能超越一己的封限而具有無限擴展延伸的意義。這種能指向無限的特質，便是中華智慧真正的價值所在。

至於「文化」二字，乃是「人文化成」一語的縮寫。《周易•賁卦•彖傳》說：「剛柔交錯，天文也；文明以止，人文也。觀乎天文，以察時變，觀乎人『文』，以『化』成天下。」可見人之為人，其要旨皆在「文」、「化」二字。

《易傳》說：「文不當故，吉凶生焉！」天下國家，以文成其治。所以，「智理文化」絕對不出版與「智」、「理」、「文」、「化」無關痛癢的書籍，更不出版有害於人類，悖乎「心智契合於真理」本旨的書籍。

由於我們出版經驗之不足，唯有希望在實踐中，能夠不斷地累積行動智慧。更加希望社會各界的朋友，能夠給我們支持，多提寶貴意見。最重要的是，我們衷心期待與各界朋友能夠有不同形式的合作與互動。

「智理文化」編委會

張惠能博士
(覺慧、玄覺大阿闍梨)介紹：

香港中華密教學會會長
中華智慧管理學會會長

香港大學畢業和任教。修讀電腦科學，三十年來專門研究人工智能，在國際期刊及會議上發表了五十多篇論文，並於香港大學專業進修學院主管及教授電腦創新科技課程，當中包括：大數據分析、雲端運算、電腦鑑證、物聯網、人工智能革命、區塊鏈科技革命等，多年來培育創新科技人材眾多。

另一方面，會長自幼深入鑽研中西文化、佛法及易理。廿多年來潛心禪觀、念佛及修密，並自2007年春開始不間斷地在學會、學院、及各大學教授禪觀、念佛及正純密法。會長乃皈依「中國佛教真言宗光明流」徹鴻法師，體悟真言宗秘密印心之真髓，獲授「中國佛教真言宗光明流」大阿闍梨之秘密灌頂，傳承正純密教血脈，弘揚正純密教「即身成佛」之法，教人「神變加持」，同行佛行，齊見佛世。

張惠能博士佛經系列著作：

《壇經禪心》、《楞伽佛心》、《圓覺禪心》、《楞嚴禪心》、《楞嚴禪觀》、《金剛經禪心》、《維摩清淨心》、《藥師妙藥》、《彌陀極樂》、《大日經 住心品》、《地藏十輪經》、《真言宗三十日談》、《金剛經密説》。

張惠能博士「易經系列」著作：

《周易點睛》、《易經成功學》、《推背圖國運預測學》。

一事一法一經一尊

張惠能博士　專訪

撰自《温暖人間　第458期》

張惠能博士，香港大學畢業和任教，修讀電腦科學及專門研究人工智能。少年時熱愛鑽研中西文化、佛法及易理。廿多年來潛心禪觀、念佛及修密，並自**2007**年開始講經説法。宿緣所追，今復皈依「中國佛教真言宗光明流」徹鴻法師，體得了秘密印心之法，獲授密教大阿闍梨之秘密灌頂，感受到傳承血脈的加持，遂發心廣弘佛法，以救度眾生。

真言密教為唐代佛教主要宗派之一，是正純的密宗，非得文為貴，旨在以心傳心，故特別重視傳承。本自唐武宗之滅佛絕傳於中國，已流佈日本達千餘年，並由當代中國高僧悟光法師於一九七一年東渡日本求法，得授「傳法大阿闍梨灌頂」，得其傳承血脈，大法始而回歸中國。張惠能説，真正具備傳承大阿闍梨資格的，每個朝代應説不會多於十數人，所以每位傳法人都很重要，「因為一停下來，此久已垂絕之珍秘密法之傳承血脈就會斷，這樣令我有更大的弘法利生之使命感。」

多年前，《温暖人間》的同事已有幸聽過張惠能博士講經，滔滔法語，辯才無礙，其後博士贈送了他當其時新著的《圓覺禪心》給我們，雜誌社從此又多了一套具份量的經書。今年，因緣成熟，《温暖人間》終於邀請到張博士為我們主持講座，題目是「佛説成佛」：成佛？會不會太遙遠？

成佛觀：找到心中的寧靜

「這就是很多人的誤解，人人也覺得自己沒可能成佛，沒可能修學好一本佛經。其實每個人也能即身成佛，只要有方法、有工具、有目標。」畢竟佛陀未成佛之前也是普通人。「什麼是佛法？佛法讓人心裡平安，心無畏懼，不會生起妄想，恐懼未來。成佛觀念的力量是很不可思議的。當你不斷想着一件事，業力就會越來越強；所以加強成佛的念頭，想像自己就是佛菩薩的化身、是觀音的化身，想像大家一起做觀音、現前就是『普門諸身』，透過念念想像，人生從此截然不同。」這幾年香港社會人心動盪，情緒難以釋放，成佛觀其實就是根本的善念，如果大家把心安住在這根本善念上，就能找到永恆的寧靜安定。

張惠能博士說，他在講座裡會介紹禪、淨、密的成佛觀，「成佛觀可以修正我們的心，只要你進入這個思想模式，你就可以感受佛陀的慈悲力量，譬如能以阿彌陀佛的四十八大願思維去經驗無量光、無量壽。因為當佛的思想有如阿彌陀佛，佛就進入極樂世界。我們稱之謂淨土宗的成佛觀，就是想你進入阿彌陀佛的無量光、無量壽世界，體驗這種不可說的力量。」

張博士講經已十年多，《六祖壇經》、《金剛經》、《楞伽經》、《阿彌陀經》、《妙法蓮花經》、《大日經》已說得透徹熟練，回想當初，他是怎樣開始弘法之路？

一事一法一經一尊

「我的人生分為四個階段，用八個字歸納：『一事、一法、一經、一尊』。佛法說生命是永遠無限生的，每個人一生都有必然要完成的目標，稱為『唯一大事』或簡稱『一事』。特別對尋道人來說，目標都很清晰，所以認識到『一事』是第一個階段。」張惠能說，童年時候他對真理已經十分嚮往，整天拿着聖經鑽研，常夢想做神父，其他小朋友打架，他會上前講道理勸和。中學特別熱愛Pure Maths和Physics，因為是當時所有學科中「真理性」最高最玄妙的，及後考上香港大學，畢業後博士研究的項目是「人工智能」，因為可以天天研究人類思考、智慧和心靈的問題，也涉獵很多中西方哲學，包括佛法。

「當時我取得了人工智能PhD，很輕易便開始在港大任教，但對於人生目標，亦即這『一事』的追尋，卻很迷茫。雖然我讀過了很多很多有關東西方哲學、存在主義、易經，甚至各種禪門公案的書，但心靈都是得不到平安。」當張惠能對尋找人生真理充滿絕望，極度迷失的時候，另一扇門就開了。「有天逛書店，突然看見一本叫《歎異鈔》的書，副題是『絕望的呼喚』，這幾個字正中下懷，完全反映自己當時的心境，這本書是我人生轉捩點的契機，讓我進入了人生的第二個階段：真正修行『一法』。」《歎異鈔》為「淨土真宗」重要經典，是日僧唯圓撰錄了親鸞聖人關於「信心念佛」的語錄，張惠能視之為「念佛最高指南」。

「這書開啟了我的信心念佛人生，一念就十多年，直至信心決定、平生業成。我因為信心念佛而得到絕對安心。所以如果沒有『一法』的真正體驗，你永遠不知其好處。其實佛法修行就好像我們去餐廳吃飯，餐廳有中西泰日韓等不同種類，也有不同級數，有快餐，也有五星級酒店中最高級的餐廳，不同人有不同喜好，這就像佛法中有八萬四千法門，不同宗派有不同的方法，好比不同的餐廳有不同的料理一樣，但大家都是同一目的：成佛。所以我們不論修任何法，都應該互相尊重，毋須比較，鹹魚青菜，各有所愛。同一道理，不論是什麼宗教流派，大家也都是在尋找真理道上的同路中人，要互相尊重而非批評比較，建立這正確態度是十分重要。」

單說不飽 實修證入

念佛法門是張惠能的「一法」。「修行是很簡單的事，好像心靈肚餓，修完之後就感到滿足舒服，輕安自在。當你吃飽了，煩惱沒有了，你就感受到幸福，這信心念佛境界已經是往生淨土，一息一佛號已到達光明的極樂世界。對我來說，信心念佛會把悲傷和眼淚吸收，帶給我一份終極安心，煩惱都脫落。如果你念佛是越念越煩惱越恐懼未能往生淨土的話，就不是真正的信心念佛。禪宗叫修行為『大安心法門』，安心才可相應佛陀所說的。」

為什麼「一法」那麼重要？張惠能坦言，所有佛經都說方法，「看破放下自在大家也會說，可是說易做難，不要說人生大事，就算平常如有人用行李輾過你的腳，你已經不能放下怒火；的士司機找少了十元給你，你可能半天心不爽快了；你最親密的人說你是垃圾，你立即崩潰。要看破、放下真是很難，所以『一法』好重要。」

「一法」之後，人生第三個階段就是「一經」，敦煌原本《六祖壇經》是張惠能讀通了的第一本經。張惠能説單是這部經，他就看了十年，「我不斷去讀，一百次、一千次、一萬次，讀至每個文字都充滿喜悅，讀得多了，經文慢慢開花變成你的心法，從《壇經》我認識到自性的道理，幸福安心。很奇怪，之前我一直不大明白的《心經》，可是讀了《壇經》十年後，再拿《心經》來看，竟然通透領悟到什麼是『般若波羅密多』，那份喜悅不可思議。」

張惠能從「一法」中找到安心，從「一經」中認識到自性的道理，跟着有幸皈依了普陀山本德老和尚，有次他問師父：「念佛所為何事？」師父答他：「念佛無所求，念佛為眾生！」他叮一聲就印了心。「老和尚當時鼓勵我出來講經弘法，不久後我亦決定把自己的生命與弘法結合，於是2007新年後開始出道講經，第一本就是講《壇經》。」過了一年香港大學專業進修學院院長李焯芬教授邀請他在學院講經，自此，他編寫的「禪宗三經」、「『生死自在』淨土二經」、和「禪、淨、密三經」證書課程便出現在這座高等學府了。

張惠能的弟弟修真言宗十分精進。在宿緣所追下，張惠能復皈依了中國佛教真言宗光明流徹鴻法師，更通過考證，通教了「即身成佛」義，體得了正純密教秘密印心之法，獲授密教大阿闍梨之秘密灌頂，感受到傳承血脈的加持，遂發心廣弘佛法，以救度眾生，開始了人生第四個階段：「一尊」。「真言宗最重視傳承，當你被選為傳法者，你已不再代表個人，而是代表一個法脈的傳承，我的人生就到了『一尊』階段，『一尊』就是『傳承血脈的加持』，你傳承了一千三百年三國傳燈歷代祖師的心願和力量，代表正純密教一千三百年傳承血脈的興衰，所以你的命已交給了『一尊』，會有很強使命感。」

對佛教初哥的建議

佛法是說當遇上苦與樂時，內心都同樣洋溢大安心、大無畏力量。

一開始找一個值得尊敬的老師，去學習真修實證一個具備法脈傳承的法、去好好從頭到尾讀通一部經，自己從中去體驗什麼是心靈上的飽足？如果只是不斷去跑不同的道場，聽這個又聽那個，老是shopping around不肯去定下來，最終根本不可能會有什麼得着的。所以，建議大家先修一經一法，有了堅定立場後，才好出去切磋參學。

目錄

密教「四度加行」真言之解析

一、祕密佛教之語言文字「真言陀羅尼化」

密教之真精神：神秘一如之體驗

密教真精神，是一種以「個我」活現「全一真我」的精神。是以所有一切為自己內容而包容之，不被其約束而生生不息之。這種精神不僅是「智慧之明朗」、「感情之溫度」、「神秘之幽遠」、「意志之活潑」，還須予以融然，渾然而成「一如」之境地。

密教真精神的體驗是冷煖自知的，從《金剛頂分別聖位經》中所說的就可以明白：這是宣揚如來秘奧之體驗世界，以體悟達到自證自覺之悟的境地法門，這法門謂之密教。所謂「自證」、「自內證」、「自覺」等名詞，梵語是波羅底耶但麼(pratyatma)，意譯為「徹悟自己的心魂」。其「自覺」或「自證」的內容無法用言語文字來說明；但確實是內心的事實，明白地把握著其實體而已味得的實在，此又可以見諦(tattvadarcana)或菩提(bodhi)或三菩提(sambodhi)等語來表示。《大日經疏》云：「心自心證，心自心覺。」或「此自證之三菩提是出過一切之心地，乃至言語盡竟，心行處寂」。這即是密教精神當體的冷煖自知之境地。

可是此冷煖自知之境地，無論怎樣地幽玄深遠，若衹是個人自內證的體驗也是枉然；因為這僅是其個人主觀的體驗，而沒有「向外擴展，改善客觀的一切、包容一切」。所以欲如實地體達密教真精神，就非得要完成「自證為自證、以悟為悟，將主觀伸於客觀，客觀來應主觀」之「主客一如、內外一體」的真實相不可！

當這神秘一如之體驗愈充實昂揚，就會喚起一種如何來形容、來表現彰顯的衝動。這種衝動可以說是由於一種向外伸展，擬把無形之物變造為有形的創造性所使然。所以說，了徹心魂的秘密，於內心把握領悟了密教精神，這僅是個人主觀內在的經驗而已，若不能傳及他人並妥當地廣為客觀的一切服務，也衹能成就「獨覺」，而不能成為「自覺覺他」之真正具足圓滿覺行的覺者。所以，把握了密教精神以後，就非得要向外伸展去覺他不可。

密教精神的表達工具，就是語言文字

密教精神的表達工具，就是語言文字。語言文字是知性的產物，又云記號。若僅依此欲將「感情之溫度」、「神秘之尊貴」或「意志之流動性」等之當體姿態表達出來是不可能的。所以古德云「言斷心滅，言亡慮絕，百非俱遣」，以否拒語言文字的表達。這雖有其道理，但不管如何地「重疊百非」否定語言文字的表現，其本身也無法以「否定」來脫離表現之埒。

於密教，就不採用這種消極否定的表現方法。若依密教之獨特方法「如實來表現」，無論文字或現見的事象，就不祇是知性的記號而已，更予以「標幟化、象徵化」而賦與靈性之「喚起性、神秘性、無限性」；通過這特殊化之感覺的事象其物，來表達「傳遞密教精神」。這個象徵物，並不是自能表現所象徵的全盤內容，而是捉其一點，以之作為代表，同時以其他之一切為背景，來暗示所包含之一切。令行者感悟了「全一真我」的內容，這就是密教表現方法的特質。

從語言文字的表達來看，以普通之言語文字摘出一相、一義來代表某種定義。同時以其他一切義為背景，以之暗示，令行者自然味得「全一真我」的內容而悟徹之，這種特殊化的言語文字予以體系化者，即密教之「真言」或「陀羅尼」。以世間普通之言語文字加以真言「陀羅尼化(標幟化、象徵化)」，名曰「加持」。由此加持即能使密教精神如實地表達出來。

於《大日經》有云：「等正覺之一切智者、一切悉見者出現時，其法性(即「全一真我」的精神)以種種之道與種種之施設，隨眾生諸欲樂，示以種種之語、種種文字、種種隨方言語與種種之母音等，加持令得了解，故說此真言道。」又云：「何是真言道？」曰：「加持，書寫文字也。」

世間普通之言語文字與密教真言陀羅尼之差別在哪裏？世間普通之言語文字是傳達思想的知性工具，以一相一義為基礎。其所限定之某一意義所用的言語文字，是以量的多寡去連結，通常以一個或二個以上的簡短詞或句，去表達事物的完整意義。要了解其內容，就要從各方面去綜合研判。然而真言陀羅尼就不是如此，不重視言語的量，而重其質。祇擇其能如實象徵密教精神內容的特殊言語文字，用此特殊之言語文字意義為門，令眾生悟徹其義之深處，而掘入其內容。經由此所暗示之背景的無限性，使眾生感味把握體悟的全的內涵。因此，世間之言語文字，一般稱為語文或文章；而密教則曰「真言」、「陀羅尼」、或「真言陀羅尼」，則有「一字含千理」的描述。

密教「真言」或「陀羅尼」之表達

神秘之「全一真我」精神，是不能以普通言語文字來表達的。若勉強以言語文字來表示，只能以「非有、非無，非一、非異，非斷、非常，非去、非來」等否定消極的方法來表示，或以「亦有、亦無，亦一、亦異，亦斷、亦常，亦去、亦來」等肯定積極的方法予以方便權説。但這都祇是迴旋於精神外廊，不能深入其中軸去接觸感味之。因此，為把握如實之「全一真我」精神，才將世間普通之言語文字給予「標幟化、象徵化」，成為真言或陀羅尼，仗此而通達味得「全一」的內容。

這等真言或陀羅尼成立發展的過程，其淵源雖然各異，但若從已成立的真言或陀羅尼來看，悉是同物異稱。為把握密教精神之具體表現的「誠之語言」上，名「真言」；於照破迷暗的意義上，言「明咒」；念誦此等真言、明咒以之統一心神，則曰「總持」，或「陀羅尼」。不論以何者稱之，都不違要義，在本書中均以「真言」稱之。

於真言之發展過程中，單舉神或佛名，或讚嘆功德行蹟為真言之內容者也不少。已完成之正純密教的真言，都不外是如來體驗自證之真精神的具體表現，是超越「對立」、「比較」的神秘一如境地。故《大日經》有此強調，這「並非一切諸佛自造或他造，諸如來出世或不出世，此乃法爾自然住於全一的存在」。

真言之構成方法

真言的構成，有消極與積極二種方法。

先從消極構成方法來說，此是基於婆羅門教神之啟示言語而成（天啟語），可是卻超越了言語本身的意義，或云「壹胝」、「密胝」或「吉胝」，如斯都是不可思議語的羅列所成。《瑜珈論》說：「如斯諸咒章句，總無有是義，此圓成實也。」此超越對立意義的無義之言語，對於表現無限絕對之圓成實性功能較顯著。以此無義之言語反覆念誦，可以止除邪念統一正念，體現「止」之境地。依此，直爾得能把握其神秘一如之內容。

這種無義天啟語之真言消極構成法，有其缺陷。這神秘一如之境地，若只以心專注於無義之境地的消極方法去表現，則不知不覺中其心就會靜化沈滯而完全滅殺密教精神活動性。所以正純密教把握其積極的活現，故就以積極有意義之真言為門，去挖掘其深處之內容；依其所暗示的為背景去體悟「全」之一切的無限性。

正純密教之真言積極構成法，重點是賦予了語言文字特殊意義。真言積極構成法中又含有「象徵的」與「記號的」兩種。

而真言積極構成法中「象徵的」真言，還分有暗示式、與略詮式：

(一) 暗示式：只羅列了精神、內容、功能、觀念之語，語與語之間沒有任何文法上之關聯，依此觀念之語去深徹其內容。如，戒淫真言只羅列「貞潔、無欲、淨潔、無染、盪滌」等語；戒酒真言只列「清素、不醉、不亂、無害、護戒」等語。又《佛頂尊勝陀羅尼》、或《阿彌陀十甘露陀羅尼》等，都是並列了種種觀念之語，此等皆屬暗示式。

(二) 略詮式：以簡潔之語句，詮示其體驗內容。例如：「一切諸法自性清淨，我自性情淨也。」或「普遍歸命諸佛，我即法界自性也。」等，以短文作一種象徵。

而真言積極構成法中「記號的」真言，又分有一字記號式、合字記號式：

(一) 一字記號式：雖無言語本身的意義，但以一音或一字，為記號或符牒，取其特定語言之一音或一文字之首，中、尾來代表的真言，為「記號的真言」。例如以「阿」之一音一字代表「阿努怛波陀」即「不生」之語；「嚩」之一音一字代表「縛陀」，表示「言說之義」。

(二) 合字記號式：又如「吽」字之種子字，以「訶」表「因業之義」，「汙點」表「損減」義，與表空無之空點合成一字，依此，損減一切因業化成空無而表現絕對之體驗境地。

真言不必拘限於梵文、梵語

反覆念誦此等清楚地表現神秘一如的精神內容之真言，當處便能把握掘入其內容深處，由深入其中核而感得「全一」的當體實相。感得神秘一如之「全一真我」精神內容端倪之處，方有真言之所以為真言。

深論之，這象徵或記號所用之言語文字，是不論何國語文都可以的，不必拘限於梵文、梵語。一般使用的所以僅限於梵文、梵語，這是因為佛出現於印度，梵文、梵語是當地當時所使用的語言，因為是佛語遂有神聖感。當時所有的經典都是梵文、梵語或巴利文，而今已譯成各國語文。其實咒文亦有意義之譯，但因欲令其進入絕對的「一如」境界，暫不宣說而已。善無畏三藏言：「至於論及真言法教，為一切之隨方名言，遍及諸趣。只因如來降跡於天竺，以傳法者約梵文以作一途，以明其義而已。」

若人通達真言之象徵，把握了神秘之精神內容，就能自悟開佛之知見。不限於梵文、梵語，凡一切音聲、一切言文，無一不是實相與法身真精神之表現，即所謂「溪聲廣長舌，山色清淨身」也。進而其表現的真言與精神內容成為一體一如時，其真言當體即是佛也。

善無畏三藏言：「此聲字，即是佛之加持身也。此加持身，能成為普遍隨類之身，無所不在。」這色心一如之處舉手投足，無非如來密印；開口發聲，是滅罪真言；意之所思，悉是佛之活現內容也。

密教藝術作為密教真精神的表達

順帶一提，正純密教真精神的表達，不僅止於文字語言，也有以感覺的事象為本的。這事象是現實的、具體的、個別的、有限的，且富有感情之喚起性。於知解密教精神上言，寧是感味上的較為有效。在靈山會上，釋尊為直截了當地傳達此正法眼藏、涅槃妙心之端倪，拈了天華而微笑。雖然只有迦葉會意，但是這拈花微笑，就是釋尊之全身、妙心之全體，當體活現的象徵。

作為表達正純密教真精神之事物，無論是天華、蓮花或金剛杵等，皆直截了當地傳達真精神之真姿，都是屬活現當體的表達。若人一旦能體得把握了這密教精神，且欲明白表現之，他就可以活現所有一切事物。於其事物中，將全精神予以個體化、具體化、現實化，以此去示現。所謂「於證上融萬法」，即是凡世俗的一切，不論多麼卑劣之事相，無一不是密教精神的象徵資料；於現證上，都可以取之、持之而令其淨化、神聖化。故云：「種種世俗，悉為法界之標幟也。」

誠如上述，一切的事物加以淨化象徵的結果，密教就成立了佛像或曼荼羅以表達密教的精神。既將事相用來表達具體的密教精神，就要有形態或色彩施設的要求。這自然地就成為「美」的表現形式，在不知不覺中將其藝術化了，密教精神之表徵也因此成為密教藝術。但這些密教藝術是以表彰密教精神為目的，不可當普通藝術品一般看待，僅祇於線條或表情的好壞上去鑑賞。這密教藝術，從某一觀點上看，其形式的施設，能夠完全地表現出密教真精神是不可或忘的。因此施設此等諸形式來表現出密教精神，才是密教藝術的使命。

然而所謂密教藝術或象徵，原都是密教精神的傳達方法或工具。這傳達物與領會者間，必需要有某點的了解及約束。也就是對佛像或象徵物，必需要尊重並了解其所象徵的意義。如佛像有「三面」是表示什麼呢？五股又象徵什麼？所以於二者間，必要有妥當的認識及約束。這等佛像或象徵物，就是解開神秘之鍵。同時把握了這鍵，始能經由佛像或象徵物去通達密教精神，亦才能體認真我，而活現於「全一」。此佛像或象徵物，確實是密教精神的活現根本，以本尊的立場言，必需聖視之，不許與普通藝術品同觀。

二、密教真言之修證

「人才念真言，我相即除，此法甚為希有，亦甚希奇」

「人才念真言，我相即除，此法甚為希有，亦甚希奇」，真言宗正純密教精神之核心與本質，是活現出「即身成佛」，這「身」是「大日如來」法身。

悟光上師是以「宇宙大靈」來把祂擬人化／神化。「佛」，則是其體驗、體覺者。故所謂「即身成佛」，就是揭破宇宙真理之千古名言。天地萬有都是「宇宙大靈」之垂現，行者自己就「宇宙之縮影」，故自能透過真言之修行來驗證此真相，繼而信仰皈依「宇宙大靈」，成為秘密莊嚴「宇宙大靈性海之絕對力」本身。如此體驗「即身成佛」者，即能做到「神人感召」，顯現「佛凡一致」之妙境。由自己修行本尊儀軌供養，敬神崇佛，並於行住坐臥持名觀尊，這些都無非是心靈改造之鍛鍊，來幫助行者建立安心立命的基礎，故絕不可與一般淺薄常識的迷信來看。

人與人交往，亦有一定之禮儀，乃致今天電子世界之溝通，也有一定之禮儀及方式，若不依循這些既定的禮儀和方式，便很難交談，更遑論感情之交流了。要做到做到「神（宇宙大靈）人感召」，顯現「佛（法身佛）凡一致」，並向神佛祈願必能圓滿成就者亦如此，故有種種儀軌法式。這種種儀軌法式，行者只需如法修行，自可得一種神秘的、偉大的效應和靈驗，這事實在不可思議！

透過真言宗本尊法之修證，能覺悟宇宙是「絕對一貫（唯一佛乘）」的真理，它是一種宇宙大靈性海的絕對力。更能自覺自己俱有此偉大的靈力，繼而安心立命。這無非是「自」、「祂」並立互融的成果。就這樣，自己渺少之軀，卻蘊藏著宇宙無限的奧秘。這就是無限宇宙之間無量無邊神秘力量的體驗，是「一多相容」、「主伴俱足」的宇宙秘密莊嚴的個人體驗。妙樂無窮！

修行是如何在一般平凡生活中創造神秘莊嚴、改造命運（我的命就是本尊的命）、乃至「至暗時刻（荼毒鼓因緣），本尊覺醒（生命的覺醒者）」的呢？真言宗提供的答案，是最簡單不過的了。

遵循儀軌法式，順序認真修行

禪宗之主張：不執一切形式、教外別傳、遇佛殺佛遇祖殺祖、不立文字等，故有說是無經典亦無儀式。這是對大徹大悟的人的方法，因為恐怕過份拘泥於形式而遠離於實質故。

淨土宗主張「他力主義」，即教人專心念佛，行住坐臥甚至如廁事中，亦須專念信仰。這種一心專信，是值得稱道的。但可惜在淨土之念佛當中，並無深入祈願行儀，故對神秘奧妙之祈願加持法式是不能得到的。

真言宗於秘密加持、效果、修行之順序及法式等等，特別重視。修真言行者所必須具備之心理，是要對「本尊曼荼羅」、「宇宙大靈力」之存在，堅信不移；及對加持、祈願的效驗之可能性之確認。這樣只需遵循儀軌法式，順序認真修行，自然能有所成就，獲得顯著效果，靈驗產生。

何謂「加持」?「加」，是諸佛菩薩之靈力，加於修行者或祈願者之上。「持」，是修行者或祈願者受持諸佛菩薩威德。故知「加持」者，即是神人感應、佛凡一味一體之謂。故「加持」又名「我入入我」。「入我」者，諸佛菩薩之靈力入於吾人之內；「我入」者，吾人如水乳交融地與諸佛菩薩合一。故知「我入入我」者，亦即諸佛菩薩與吾人成為一體不二的境界。凡夫生命中本具的玄妙之精神力，與宇宙大靈之威力，能夠互相呼應，神人交感，即宇宙大靈與人心之道教的真義。

相形之下，禪宗、淨土宗之於祈願加持法式之孤陋淺見，又何足道成哉！

金胎二部

金胎二部，是體與用、亦即是理與智之關係。胎藏是「理之體」，金剛是「智之作用」，兩者既有著不同之處，但又是二而不二。如何把這個道理說清楚？

真言密教之宇宙觀原理與，是由大日如來以至其他眷屬組成，並透過真言密法來具體驗證。當中可分為金剛界與胎藏界兩部，稱為金剛界曼荼羅與胎藏界曼荼羅，或金剛界大日與胎藏界大日。名字雖不同，其實金胎兩部並不兩樣，不過是用兩個面向來說清楚一件事。

「胎藏界」之根本大經為《大日經》，又稱作「大毘盧遮那成佛神變加持經」。胎藏界修法，重点不離肯定存在整體是光明法身（大毘盧遮那成佛）和修證力量開發光明人生（神變加持、即身成佛）。故所謂修儀軌，無非是在建立三力相應（自己功德力、如來加持力、及以法界力），從宜證得世界一切事物是「全一」整體，其「中心」本源則是一光明原動力，就是「大毘盧遮那成佛」，又名「理體」（故也可說胎藏界是建立「中心化」）。「胎藏界曼荼羅」，象徵著眾生被大日如來的大悲心光注照，接受温暖的法流之意。「胎藏」的意思是藏在母胎裏，也代表著眾生共同庫藏於「大毘盧遮那成佛」這「理體」中。所以，修行是先肯定此眾生的唯一理體，自此直接出發至成就，是胎藏界大日之直接守護、直接作用，這是從中因(大日如來的大悲心，又名菩提心)起修，即身成佛。

「金剛界」之根本大經為《金剛頂經》，藉金剛界曼荼羅之九會，以說明各會中的中心主尊成佛之因緣方式，亦即闡明各真言行者可以有各自本尊獨特之作用(故也可說金剛界是「去中心化」，故建立各自的智的作用)，以令「五大」變為「五智五佛」的真實狀態。「金剛界」所代表之「智的作用」，是各冷暖自知的，從《金剛頂分別聖位經》中所說，就可以明白如來秘奧之體驗世界，唯有各各以體悟達到自證自覺之悟的境地。這所謂「自證」、「自內證」、「自覺」等名詞，梵語是「波羅底耶怛蜜(pratyātma)」，意譯為「徹悟自己的心魂」。又《金剛頂經》共有十八會，其初會中的三十七尊各個放光明示現十方化佛(平等放光，是去中心化之象徵)，垂現種種行化後，故聚成一體一佛(全一法身)，故一佛(一)即一切佛(全)，一切佛(全)即佛(一)，十方諸佛(去中心化)不外是大日如來(中心)之化現而已。

故歷史上之釋尊，亦是此法身如來之一變化身而已，從而大日如來是其中心，是法身為本也。依此把所有一切物視為大日如來之化現(胎藏界)，以奉事、供養的心，去處理一切，此處才能現出佛世界的協同一如之社會(金剛界)。「必不心前立凡境(胎藏界)，自身為本尊想(金剛界)」，此真言宗正純密教之深妙觀門也。

看不到聽不到之「心真言」

正純密教之各本尊，悉有其密印、及真言。只要行住坐卧，心住正念；常結密印，持明(持誦真言)觀尊，即是修真言者最勝也。從前不成就的法門，一時成就。弘法大師為法成就故，修此法耳。

佛經所說各各本尊之真言，俱是在說「宇宙真理」的，常持誦之能啟發本有的智慧光明之效力，就能滅卻迷執，顯現佛德自性(佛性)，能由凡入聖，為真言行者乃至大乘佛教行者所不可缺之特殊語言，悉是成佛之總持(智慧能持實相，是謂「總持」)。經中所說之各各本尊，皆是分述大日如來智慧光明效力之功德，故經云「五百總持」，又云「無量總持」。

持誦真言者，《大日經疏》説有四種念誦方法。《大日經疏》云：「世出世持誦品第三十之我説有四種之經文之釋，明示聲念誦，與心想念誦，與出入息念誦，及心意念誦等四種念誦。聲念誦，是專心口誦真言也。聲出時一一之聲字皆悉諦了，而不間斷不攀緣也。心想念誦是不出聲，以心想作意念誦也。出入息念誦，是以所誦之真言為出入息也。第四之心意念誦是與上三種內心相應、內外相應無分別之自然念誦也。」

但凡修真言行，有音聲言語的是屬於持誦真言之外相；無音聲言語的則是心之內容，這才是看不到聽不到之「心真言」，亦名「密咒」。所以，不論是「聲念誦」、「心想念誦」、及「出入息念誦」，都只是屬於持誦真言之外相；唯獨是「心意念誦」，才是屬於心之內容，這才是看不到聽不到之密咒。

正純密教之供養法

「供養」，梵語名「布惹」(Pū ja)，是從有「崇敬」之義的動詞(P ū j)成立的名詞，故以「崇敬」為其本義。

《十住毗婆娑論》説：「若人以香花四事供養佛，不名供養佛；若能一心不放逸，親近修習聖道，此名恭敬供養諸佛。」因崇敬才以香花、飯食、衣服等資具供給佛、諸聖者等，故名「供養」。依歷史來說，從尊敬釋尊及其聖弟子的「皈依一念」起，其信者即以衣服、臥具、飲食、醫藥等行四事供養。依此來表達信佛、皈依佛之「誠」心。另外，佛和諸聖者滅後，其信仰者不能親承其音容，為安慰自心，於奉安舍利之塔廟前，供養種種物資，用以表達至誠之皈依。

上述，乃以歷史上之人間佛陀及諸聖者為基本而說的供養。是一般世俗及今天顯教的供養，一花、一香，仍只是一花、一香，即僅是因緣所生之有限的一事，一物而已。

然而以「全一的法身佛」為根本之正純密教的供養法，與上述之供養，則其趣有異。正純密教，予以有限的一事一物精神化、無限化。所以，一花、一香都是宇宙之縮寫的一花、一香了，這就是密教之「供養雲海」思想。因為一花、一香無非妙諦，乃至微塵之末都滲透了大日如來生命之光及其無限的功德，故一花、一香之當體即是無限、都是全一，都是遍法界。以此遍法界之一花、一香，供養遍法界之法身佛，當中供養之事物與被供養之佛，俱是宇宙之絕對體，故正純密教之供養法是「絕能所」之供養雲海。

此遍法界的宇宙全一之法身佛，分開即成為無量無邊之一切如來；遍法界之實相的一花、一香，當體即無量無數之香花供養故，即成無量無數之香、花供具，供養各個遍法界之一切如來了。故「五供養偈」說「我今所獻諸供具，一一諸塵皆實相；實相普遍諸法界，法界即此諸妙供；供養自他四法身，三世普供養常恆，不受而受哀愍受」，即此意也。

正純密教雖是把一事一物無限化、絕對化，然於法身佛供養儀軌裏，則與擬供養歷史上之釋尊一樣，是把信者迎請佛到住居來供養之形式，加以組織而成的供養法。不過，就迎請佛而言，正純密教供養法中其佛不是歷史上之佛，而是法身佛故，故不能以人間視以為然的物質饗應看待，而是要以精神上的去供養十方周遍的佛。

秘密佛教，於正純密教所修的供養法之精神上言，所供養的香、花、偈頌等事物，都是無限化、絕對化、象徵化，都是有象意義的。而迎請佛來饗應之供物，依各經軌之不同而有異。但大概都用閼伽、塗香、華鬘、燒香、飯食、燈明等六種。此六種供具，依世間一般之意義上來說即：

(一)　閼伽是用來洗貴賓之足的水；
(二)　塗香是《智度論》所說「天竺國熱，身臭故，以香塗身」之習俗而來；
(三)、(四)、(五)、(六)　花鬘、燒香、飯食、燈明等是令視覺、嗅覺或味覺感怡適者。

然以密教精神來看：

(一)　閼伽是洗淨煩惱罪垢；
(二)　塗香是磨瑩五分法身；
(三)　花鬘是以萬行之花莊嚴其身；
(四)　燒香是遍至法界不能阻撓；
(五)　飯食是極無比味之禪悅食、法喜食；
(六)　燈明是取如來智光能照遍世間幽暗之深意。

以上即是六種供養的思念修法。以此精神化之六種供具，虔敬供養遍法界之一切如來。由此種虔敬供養的觀智之凝聚，而超越了個我中心之迷界。

正純密教不衹以此等供物供養而已，還有攝取印度之「以供物投入火中燒，由火神之媒介傳達於聖者」的火供法。不過經過正純密教化的火供法，已淨化、精神化為「護摩法」。以正純密教精神來看護摩法，其象徵性如下：

(一) 其護摩之火即象徵如來之智火；
(二) 爐之全體即象徵如來之身；
(三) 爐口是象徵如來之口。

如來之身、口、意，即行者之身、口、意，以此「三平等觀」之實修，是密教真精神發揮之處。這就是正純密教護摩的特質。

又如「十八道」所立之供養法，就是以偈頌所表現之供養法則：「身五」、「界二」、「道場二」、「請三」、「結三」、「供養三」。

其中：

(一)「身五」者，當迎請佛饗應前，主人先準備潔治自身之五作法。
(二)「界二、道場二」者，即施敷特設迎請佛之客座，道場莊嚴等四作法。
(三)「請三」者，即迎請佛之準備已經就緒，為迎請佛而遣送車輅，請佛乘此至道場，此處有導至道場中之三作法。
(四)「結三」者，此附著警護，以防不敬漢之侵入之三作法。
(五)「供養三」者，即正要供養佛之三作法則。

以上所介紹的正純密教之「十八道」供養法，不外是以精神上的觀念去供養，主要先潔治自身。所以，其作法手結印，口誦真言，觀念五分法身或三部之加持，被如來大誓鎧等去除假我肉體我之迷執，自己體認法身生命，並以自身肯定之精神去迎請同一體性之法身佛，佛與佛之交際下互相感通之處，才有供養法之密教修行的成立。

三三平等

弘法大師云：「本來自性清淨之理，即世間、出世間最勝最尊。我、與佛(本尊)、及一切眾生(宇宙全體，又稱為法界)，無二無別，此三平等也。」

於「行者、與本尊、及法界」之「三平等」立場上，正純密教再建立了本尊(諸佛、菩薩、明王、天部、藥叉等)之「三密」與行者之「三密」互相加持，融合一致，是名「三三平等」。

《菩提心論》云：「身密者，手結印契而召請聖眾之謂；語密即是密誦真言而文字句了了分明沒有謬誤；意密即住於相應瑜伽圓滿如白淨月的菩提心。」

例如，修不動明王法，即以不動明王為本尊。即在我、與不動明王、及一切眾生(宇宙全體)無二無別之「三平等」之立場上，行者透過結不動明王之印，即其印變不動明王忿怒形相；修法者透過口念誦不動明王真言，其咒即化為不動明王之聲音；修法者之意(意是第七識，即我執識)，於觀念不動明王時，自身從以「肉體我」為基本的小我見地中脫離，融入不動明王大我生命，行者與不動明王之慈救力(真我)同化。

本尊身口意「三密」既與行者身口意「三密」同化，因同化故，行者遁入本尊之中(我入)，本尊又入行者之中(入我)。我入入我，則我之三密與本尊之三密無有差別。本尊的三密與行者的三密，互相加持：即如來(本尊)的「加持力」與行者自己的「功德力」合一，再與本尊之母體「大日如來」之「法界力」相應。行者「三力」成就故，得即身成佛之果。

本尊、行者彼此的加持，是透過行者之口誦本尊真言、手結印契、心住三摩地。如此，行者與本尊之三密即互為加持，而得不可思議的「本尊瑜伽」，則無妄念。若心無妄念，即口無妄語，動作自正；同樣地，任何一密趨正，餘二密皆淨。故任何一密，皆含其他二密。三密彼此各自互相加持而交互增進其力用，以至於達到完全圓滿的境界；若再加上「行者、本尊、及法界完全平等」之「三平等」觀，即成為「三三平等」觀了。這「三三平等」觀，是正純密教不共之觀法，亦是正純密教中最為微妙殊勝之觀法。

這裡再進一步說「三三平等」殊妙之處。真言行者若將自己的一密、二密、三密來加持他人的一密、二密或三密，由於互相加持的交感作用，自我他人，則同時淨化而達解脫之地。推而廣之，於十方法界一切眾生，則彼此三密互涉互入，精神漸次「因上轉下、又由下轉上」的雙迴活動而昇華不已，終究契入於「三三平等」之究竟境界：就是「佛佛之間」的「加持」，以增盛涵攝「佛佛彼此救濟眾生」的「活動力」。譬如甲之口密與乙之口密的加持，甲因其口密的效用即念誦，激起乙品格精神的昇華，以甲為規範而淨化其心，此即《大日經疏》所說：「由一平等身普現一切威儀，如是威儀無非實印；一平等語普現一切聲音，如是聲音無非真言；一平等心普現一切本尊，如是本尊無非三昧。」故舉手投足，皆成密印；開口發聲，悉是真言；念念所作，自成定慧；身密攝一切的色法；意密則攝一切的心法；語密攝一切的聲音；由此三密，能網羅遍攝一切萬法無量的作用。

三力具足

《大日經》說：「如實知自心。」這「如實知自心」，並不是分析知解自心現象之概念心，而是掌握到「本心」、覺知「自心源底」，把握了「活現法界一切物」之絕對力，是名「法界力」。此法界力又為「自己之功德力」，亦是「如來所加持的力」。故此，「自己功德力」、「如來加持力」與具足其源泉的「法界力」，共活現於真言行者之真修實證中，即是正純密教所謂之「三力具足」。故《大日經疏》云：「以我功德力故，以如來加持力故，以法界力故，以此三緣合故即能成就不思議業用。」

真言行者，沒有「自己用功善行之力（自己功德力）」是不可以的。可是單靠自己同樣是不夠的，這正如無明師或聖賢的「教導加持之力（如來加持力）」是不行的一樣。除此以外還須「友人社會來幫助之力（法界力）」，方能成就。

又如：病者若無自己的小心（自己功德力）、醫藥（如來加持力）、和看護（法界力），三力具足的協助，決不能迅速平安痊癒。

又如：加持祈願，要有真言行者的決定信（功德力）、本尊的本誓願力（如來加持力）、及加持祈願之本尊儀軌莊嚴（法界力），此三力一致，願心猛進，即有不可思議效驗。

又如：正純密教認為一切本尊都是釋迦牟尼(或泛指一切覺者)的化現。是因為釋迦佛為了教授眾生(釋迦的自己功德力)、曾經化身成各各本尊(各本尊皆是象徵如來加持力)、建立了能除三毒之各各本尊修持儀軌的秘密莊嚴(法界力)。這三力具足，就是一切本尊法之所以如此法力無邊的一個原因。

法界力，一般人往往忽略之，宗教上也很不注意而等閒看待之，多重視佛力與自己信心力。事實上，法界力量是很大的，比如一個學生，自己雖很用功，教師也很好，但是如果家人和友人都窮凶極壞，結局終難成為偉大人物。故同行者或社會之影響力，有著直接支配力量，成敗也多靠此力而定。

在正純密教立場，於加持祈願中，即使信者熱誠，本尊靈驗，但如果修法之儀軌、同行者、道場惡劣，欠缺莊嚴，其效果會失去，故無法表現其效驗。

如果自力、他力、法解力都優越，任何事都會不可思議速成，且效驗良好。故加持祈願是必須注重三力具足條件的！

三、密教之「四度加行」與「三昧耶戒」

正純密教以三昧耶戒之精神為重

此對立世界即成為三世無礙之絕對世界，故《大日經》說此謂「三世無礙智戒」云，其即我人之身語意之三業悉皆奉獻於法身佛，成為貫宇宙法界之法身佛之身口意三密而生於無限永遠。《大日經》說：「如何為戒？所謂捨自身奉獻於諸佛菩薩。何以故？若捨自身，即捨三事。如何為三？曰身語意也。此之故，族姓之子，受身語意之戒，得名菩薩。其故如何者，與其身語意離故也。」

此「三世無礙智戒」，或云三昧耶戒，又云菩提心戒，此戒常捨劣得勝，為無限志求即身成佛而誓願攝化眾生之行，自以全一真我之法身佛合一而生於無限。正純密教以三昧耶戒之精神為重，故以其戒授與入壇者，其儀式即依「傳法灌頂三昧耶戒式」而舉行；其人能具體體驗常安住秘密莊嚴之佛行境地，把握本尊心至大至剛之力，這只須經過實修「四度加行」妙行，以及真心去練行「一尊法」，即能成就。

以「四度加行」來成就「三昧耶戒」之精神與生活

正純密教真言宗修法之基礎，是以「四度加行」來成就「三昧耶戒」之精神與生活。修法之奏效，需要吾等之體驗與三昧耶力。為了能夠具足此等體驗與三昧耶力於身，常使心住秘密一如之境地並把握得至大至剛之絕對力，定要通過實修真言宗之「四度加行」，繼而真心去修證一尊法才成。

以密教歷史而言，弘法大師空海和尚通一生苦修練行不怠，即在「空海弱冠以至知命，山藪為宅禪默為心」依此可窺見之。而當弘法大師少壯時以密法指導直繫弟子如實慧、真雅、真濟之時，常親自垂手日夜教養其實修練行法，當中完全都以適合其弟子性情地各各分別去教誘指導，務求讓大家都徹底明白。但當密教教團次第而擴大，外來之弟子亦增多，因此就設了規則，此即今天仍廣為使用之「四度加行」。「加行」梵語是「布羅瑜伽」，自古以譯為「方便」，即所謂「加種種方便之功用的練行」。今此所謂「加行」者，即為得傳法阿闍梨位灌頂而加種種方便之練行之意義。而大師之當時，或去大師不遠的時代，而其於如修練加行都是極其嚴重的。

「四度加行」，即是「十八道，金剛界，胎藏界，護摩」之四行法，此略稱之謂「四度」；是在弘法大師時，以十八道，金剛界，胎藏界，護摩之各「行法次第」之編著。及後各流派之祖師先德，各自編其「行法次第」，故隨流派之異，所用之「行法次第」亦異。無論如何，此「四度加行」之形式化，即為得到傳法阿闍梨職位之方便行。四度都是加行，但以四度各各對望時，前者對後者而言，是加行；後者對前者而言，即正行也。於此對於四度，各各分為加行與正行；「四度加行」是為得到傳法阿闍梨位之方便行，故必須將之以不離一體連續不斷地去修行的。

「四度加行」圓滿了，就受授明灌頂。凡有入壇灌頂者，必需先行受「三昧耶戒」。此三昧耶戒者，乃真言行者把握了正純密教之體驗與根本理念，自然所流出三昧耶力之戒法。「三昧耶戒」不言「不可作惡，眾善奉行」等，而亦自然斷惡修善、為濟生利民而為。以「戒」而言，有形式為主之「毘奈耶」，即「律儀」者；與其精神為主之「尸羅」，即「心清涼」或云「心清淨」之戒。正純密教之所謂「三昧耶戒」者，即此尸羅之義，清涼即心清淨之戒體也。

「三昧耶戒」分為三重

要將此心清淨之秘密體驗與三昧耶力掛在自身，依之起初才能登得佛位故，其象徵灌頂等事業中，必先授此秘密體驗之三昧耶戒為先決條件也。當處守護經云：「阿闍梨為入壇者先授與三昧耶戒，以此為先導，然後灌頂之。」此戒即基於正純密教秘密體驗之戒故，其秘密體驗為三昧耶力，其內容上而言，其為平等義、本誓義、除障義、驚覺義等。正純密教秘密體驗於《大日經疏》分為三種來説明其內容：

《大日經疏》把「三昧耶戒」分為三重來説明其內容：

(一)「三昧耶戒」之第一重

第一重「三昧耶戒」，是「法界胎藏三昧」，又名為「入佛三昧耶」。因為所有一切物不論知與不知，皆為法身佛之赤子，所以若能真正體驗到所有一切無非包容在宇宙法界貫串的法身佛胎內，即所謂「法界胎藏三昧耶」。

若能住此體驗，一切眾生當體不外是法身佛，其身、語、意之三業，與法身同等的神聖莊嚴活動就生起了，此乃三昧耶之體驗之「平等(佛生平等)」的一面。

又住此體驗時，能體得「一切、眾生、悉是、佛性」，故當體即佛。又一切眾生自本是佛而為一念無明所弊而不知覺故，所有一切方便(本尊修法)，悉成為攝化眾生的「本誓」，此即會變成「斷除障礙」之活動，又能為沈淪於其無明之睡眠的一切眾生之「驚覺」妙用。

(二)「三昧耶戒」之第二重

第二重「三昧耶戒」，名為「法界生」。

「法界生」者，即體證並覺知自己唯是宇宙法界之生命體(菩提)的相續生相，是謂之「法界胎藏生命理體而自更生者」也。

人若住此秘密體驗，能開了「新心眼」、「新視野」、「新聞境」、「新感度」、「新思想」，以之更生了這個世界，所謂「開無上之金剛眼」及「生於佛家」是也。因為在溺於個我為本之迷妄下，彼此互相殘害，現出修羅相，如此非生於惡趣世界不可。但是，一旦自覺自己唯是菩提的相續生相，自會將他人、自己成為真正法界胎藏生命理體的內容，令其活現於「全一」的體驗境界，即是展開佛的世界，更生於佛之家庭者也。一切所有眾生都得知平等地更生於佛家。成此「更生於佛家之所有一切」，令其受教養而免於夭折的本誓，為生於佛家者除一切障難，覺醒一切本來具有金剛薩埵者。

(三)「三昧耶戒」之第三重

第三重「三昧耶戒」，名為「金剛薩埵」，或云「轉法輪」。

以法界之自性的生命體(菩提)的相續生相而自更生的同時，自覺體驗自生於永遠的金剛薩埵。人若住此秘密體驗，一切國土、一切眾生皆「悉平等生於永遠」，而成就「隨類攝取一切眾生令其成為金剛薩埵」之「本誓」。亦即生於「永遠無礙除障」之佛的工作活動，成為「自性睡眠之一切眾生」的「驚覺鈴」，成金剛薩埵之轉法輪事業。

此三種「三昧耶」者，即「三昧耶戒」之徹底體驗。由此體驗而奮進的行為，即是「即身成佛」之實現也。

四、「十八道行法」真言之解析

「四度加行」之基礎，是為「十八道行法」。「十八道」所立之「行法」，就是以偈頌所表現之供養法則：「身五」、「界二」、「道場二」、「請三」、「結三」、「供養三」。

「十八道行法」之次第及其真言之解析如下：

1 莊嚴行者法：「身五」

1 上堂

2 普禮

Oṃ sarva-tathāgata-pāda-vandanaṃ karomi.

Oṃ；sarva「一切」；tathāgata「如來」；pāda「雙足」；vandanaṃ「敬禮」；karomi「我」

3 著座　4傳供　5普禮　6塗香　7三密觀

8 ①淨三業

Oṃ svabhāva-śuddha sarva-dharma svabhāva-śuddho 'haṃ

Oṃ；svabhāva「自性」śuddha「清淨」；sarva「一切」；dharma「法」；haṃ「我」

9 ②佛部三昧耶【身】

Oṃ tathāgatodbhavāya svāhā.

Oṃ；tathāgatod「如來」bhavāya「發生」；svāhā.

10 ③蓮華部三昧耶【口】

Oṃ padmodbhāvāya svāhā.

Oṃ；padmod「蓮華」bhavāya「發生」；svāhā·

11 ④金剛部三昧耶【意】

Oṃ vajrodbhāvāya svāhā.

Oṃ；vajrod「金剛」bhavāya「發生」；svāhā·

12 ⑤被甲護身

Oṃ vajrāgni-pradīptāya svāhā.

Oṃ；vajrāgni-pradīptāya「金剛火焰極威曜」；svāhā

2 普賢行願法

13 加持香水【灑淨】

Oṃ amṛte hūṃ phaṭ.

Oṃ；amṛte「甘露軍荼利」；hūṃ「種子」；phaṭ「摧破」.

14 加持供物

Oṃ padākṛṣya-vajra hūm.

Oṃ；padā「足」kṛṣya-「鉤」vajra「金剛」hūm.

15 覧字觀

16 淨地【淨身】

Rajo'pagatāḥ sarva-dharmāḥ.

Rajo'「垢穢」pagatāḥ「遠離」sarva-dharmāḥ「一切諸法」.

17 觀佛

Khaṃ vajra-dhāto.

Khaṃ（虛空之神聖語）vajra-dhāto「金剛之世界」

18 金剛起

Oṃ vajra tiṣṭha hūṃ.

Oṃ；vajra「金剛」tiṣṭha「起」；hūṃ.

19 普禮 20啓白事由 21神分祈願 22五悔

23 發菩提心

Oṃ bodhi-cittam utpādayāmi.

Oṃ；bodhi-cittam「菩提心」utpādayāmi「發起」

24 三昧耶戒

Oṃ samayas tvaṃ.

Oṃ；samayas「三昧耶」；tvaṃ「汝」

25 發願 26五大願

27 普供養三力

Oṃ amogha-pūja maṇi-padma-vajre tathāgata-vilokite samanta-prasara hūṃ.

Om；amogha-pūja「不空供養」；mani「寶珠」padma「蓮華」vajre「金剛」；tathāgata-vilokite「如來觀」；samanta「普遍」；prasara「舒展」；hūṃ

3 結界法：「界二」

28 大金剛輪

Namas try-adhvikānāṃ tathāgatānām aṃ viraji viraji mahā-cakra vajri sata sata sārate sārate trāyi trāyi vidhamani sambhañjani tramati-siddha-agrya trāṃ svāhā.

Namas「皈命」；try-adhvikānāṃ「三世」tathāgatānām「諸如來」aṃ viraji「離塵垢」viraji「離塵垢」mahā-cakra「大輪」vajri「金剛」sata「無等」sata「無等」sārate「堅固性」sārate「堅固性」trāyi「救世者」trāyi「救世者」vidhamani「排除破壞」sambhañjani「正相應」tramati-siddha-agrya「三恵成就勝上」；trāṃ svāhā.

29 ⑥金剛橛【地結】

Oṃ kīli kīli vajra-vajri bhūr bandha bandha hūṃ phaṭ.

Om；kīli「橛」kīli「橛」；vajra-vajri「金剛智金剛定」；bhūr「大地堅固」；bandha「結縛」bandha「極結縛」；hūṃ「種子」phaṭ「摧破」

30 ⑦金剛墻【四方結】

Oṃ sāra-sāra vajra-prakāra hūṃ phaṭ.

Oṃ；sāra-sāra「堅固堅固」；vajra-prakāra「金剛墻」；hūṃ「種子」phaṭ「摧破」

4　莊嚴道場法「道場二」

31　⑧道場觀【大地浄土】

Oṃ bhūḥ khaṃ

Oṃ；bh ū ḥ「大地」khaṃ「浄土」.

32　⑨大虛空藏【虛空樓閣流出】

Oṃ gagana-sambhava-vajra hoḥ

Om；gagana-sambhava-vajra「虛空生金剛」；hoḥ

33　小金剛輪【四攝真言：鈎•索•鎖•鈴】

Oṃ vajra-cakra hūṃ jaḥ hūṃ baṃ hoḥ.

Oṃ；vajra-cakra「金剛輪」hūṃ jaḥ hūṃ baṃ（以上，鈎•索•鎖•鈴之神聖語）；hoḥ.

5　勸請法：「請三」

34　⑩寶（送）車輅

Oṃ turu turu hūṃ

Oṃ；turu turu（車音）；hūṃ.

35　⑪請車輅

Namas try-adhvikānāṃ tathāgatānām oṃ vajrāgny-ākarṣāya svāhā.

Namas「皈命」；try- adhvikānāṃ「三世」tathāgatānām「諸如來」；oṃ；vajrāgny-ākarṣāya「金剛智火召請」；svaha

36 ⑫召請【佛‧蓮華‧金剛‧明王部或天部】

[佛部]

Om jina jik ehehi svaha

Om；jina jik「勝利者」ehehi「召請」；svaha

[蓮部]

Om alolik ehyehi svaha

Om；alolik「無染無著；ehyehi「召請」；svaha

[金剛部]

Om vajra dhrk ehehi svaha

Om；vajra dhrk「金剛尊」；ehehi「召請」；svaha

[明王部或天部]

Namaḥ samanta-buddhānāṃ āḥ sarvatra-apratihata-tathāgata-aṅkuśa bodhicarya-paripūraka ehehi svāhā.

Namaḥ samanta-buddhānāṃ「皈命普遍諸佛」；āḥ sarvatra-apratihata「一切處無礙」；tathāgata-aṅkuśa「如來鉤召」；bodhi-carya-paripūraka「菩提行圓滿」；ehehi「召請」；svāhā

37　四明

Jaḥ hūṃ baṃ hoḥ·

Jaḥ hūṃ baṃ hoḥ（鉤 • 索 • 鎖 • 鈴之聖語）·

38　拍掌

Oṃ vajra-tala-tuṣya hoḥ.

Oṃ；vajra-tala-tuṣya「金剛掌喜悅」；hoḥ.

6　結護法：「結三」

39　⑬部主結界【佛 • 蓮華 • 金剛】

[佛部：不動明王]

Namaḥ samanta-buddhānāṃ caṇḍa-mahāroṣaṇa sphoṭaya hūṃ traṭ hāṃ māṃ.

Namaḥ samanta- vajra-nāṃ「皈命普遍諸金剛」caṇḍa-mahāroṣaṇa「不動明王大忿怒者」sphoṭaya hūṃ「恐怖摧破」traṭ hāṃ māṃ（忿怒之神聖語）.

[蓮部：馬頭明王]

Oṃ amṛtodbhava hūṃ phaṭ.

Oṃ；amṛtodbhava「甘露發生」；hūṃ phaṭ

[金剛部：降三世]

Oṃ sumbha nisumbha hūṃ gṛhnā gṛhnā hūṃ gṛhnā paya hūṃ ānaya hoḥ bhagavan vajra hūṃ phaṭ

Oṃ；sumbha nisumbha hūṃ「降三世降三世破」gṛhnā gṛhnā hūṃ「捕捉捕捉破」gṛhnā paya hūṃ「捕捉行去破」ānaya hoḥ bhagavan vajra hūṃ phaṭ「捉來呼世尊金剛破」

40 ⑭ 金剛網【虛空網】

Oṃ visphurād rakṣa vajra-pañjara hūṃ phaṭ.

Oṃ；visphurād「遍」rakṣa「擁護」vajra-pañjara「金剛網」hūṃ「種子」phaṭ「摧破」.

41 ⑮ 金剛炎【火院】

Oṃ asamāgne hūṃ phaṭ.

Oṃ；asamāgne「無等比之火」；hūṃ phaṭ.

42 大三昧耶

Oṃ śṛṅkhale mahā-samayaṃ svāhā.

Oṃ；śṛṅkhale「鎖」mahā-samayaṃ「大本誓」；svāhā.

7 供養法：「供養三」

43 ⑯ 閼伽香水【沐浴洗足】

Oṃ vajrodaka ṭhaḥ hūṃ.

Oṃ；vajrodaka「金剛水」；ṭhaḥ hūṃ.

44 ⑰ 蓮華座【請座】

Oṃ kamala svāhā.

Oṃ；kamala「蓮華座」；svāhā

45 振鈴

Oṃ vajra-sattva aḥ.

Oṃ vajra-sattva「金剛薩埵」；aḥ.

46 ⑱ 五供養【普供養】(塗香・花鬘・燒香・飲食・燈明)

Namaḥ samanta-buddhānāṃ viśuddha-gandhodbhavāya svāhā.

Namaḥ samanta-buddhānāṃ mahā-maitrya-abhyudgate svāhā.

Namaḥ samanta-buddhānāṃ dharma-dhātv-anugate svāhā.

Namaḥ samanta-buddhānāṃ arara-karara-baliṃ dadāmi baliṃ dade mahā-bali svāhā.

Namaḥ samanta-buddhānāṃ tathāgata-arci-sphuraṇa-avabhāsana gagana-udārya svāhā.

Namaḥ samanta-buddhānāṃ「皈命普遍諸佛」; viśuddha-gandhodbhavāya「清淨塗香發生」svāhā.

Namaḥ samanta-buddhānāṃ「皈命普遍諸佛」; mahā-maitrya-abhyudgate「大慈現出」svāhā.

Namaḥ samanta-buddhānāṃ「皈命普遍諸佛」; dharma-dhātv-anugate「法界遍至」svāhā.

Namaḥ samanta-buddhānāṃ「皈命普遍諸佛」; arara-karara-baliṃ「飲食」dadāmi baliṃ dade「飲食」mahā-bali「大飲食」svāhā.

Namaḥ samanta-buddhānāṃ「皈命普遍諸佛」; tathāgata-arci「如來燈明」sphuraṇa「瞬」avabhāsana「照明」gagana-udārya「虛空偉大」svāhā.

47 事供(塗香・花鬘・燒香・飲食・燈明)

48 四智讚

Oṃ vajra-sattva-saṃgrahād vajra-ratnam anuttaraṃ vajra-dharma-gāyanaiḥ vajra-karma-karo bhava.

Oṃ; vajra-sattva-saṃgrahād「金剛薩埵攝受」vajra-ratnam anuttaraṃ「金剛寶無上」vajra-dharma-gāyanaiḥ「金剛法歌詠」vajra-karma-karo bhava「金剛事業為者」.

49 本尊讚　50普供養三力　51禮佛

8 念誦法

52 佛眼

Namo bhagavat-uṣṇīṣa oṃ ru ru sphur-jvala-tiṣṭha-siddha-locane sarvaartha-sādhanīye svāhā.

Namo bhagavat-uṣṇīṣa「歸命世尊肉髻」oṃ ru ru sphur-jvala「閃光明」tiṣṭha-siddha-locane「神聖眼」sarvaartha-sādhanīye「一切利益成就」svāhā.

53 本尊加持

Oṃ vajra-dhāto baṃ.

Oṃ vajra-dhāto「金剛界」baṃ (大日如來之神聖語).

54 正念誦

Oṃ vajra-dhāto baṃ.

Oṃ vajra-dhāto「金剛界」baṃ (大日如來之神聖語).

55 本尊加持 56佛眼

57　散念誦

【大日如來】

Oṃ vajra-dhāto baṃ.

Oṃ；vajra-dhāto「金剛界」baṃ（大日如來之神聖語）.

【阿閦如來】

Oṃ akṣobhya hūṃ

Oṃ；akṣobhya「阿閦」hūṃ（阿閦如來之神聖語）

【寶生如來】

Oṃ ratna-sambhava trāḥ

Oṃ；ratna-sambhava「寶生」trāḥ（寶生如來之神聖語）

【無量壽如來】

Oṃ lokeśvara-rāja hrīḥ.

Oṃ lokeśvara-rāja「世自在王」hrīḥ（無量壽如來之神聖語）

【不空成就如來】

Oṃ amogha-siddhe aḥ. amogha-siddhi

Oṃ amogha-siddhe「不空成就」aḥ（不空成就如來之神聖語）

9 後供方便法

58 五供養印言　59事供　60閼伽　61後鈴　62讚　63普供養三力　64禮佛　65迴向　66五悔至心迴向　67解界

68 撥遣【佛・蓮華・金剛】

[佛部]

Oṃ buddha-sattva muḥ.

Oṃ buddha-sattva「佛部薩埵」muḥ「解放」.

[蓮華部]

Oṃ padmasattva muḥ.

Oṃ padmasattva「蓮華部薩埵」muḥ「解放」.

[金剛部]

Oṃ vajra-sattva muḥ.

Oṃ vajra-sattva「金剛部薩埵」muḥ「解放」

69 三部三昧耶　70被甲護身　71普禮　72出道場

五、「胎藏界行法」真言之解析

《大日經》，是以「胎藏界」曼荼羅來象徵其真髓。體解此世界的儀軌，就是「胎藏法」，以揭示諸本尊的真言、印、尊象的特色，藉以加深觀想。

至於「胎藏法」儀軌的整理，主要是基於《入曼荼羅具緣真言品》中描寫之曼荼羅的配位，《普通真言藏品》的真言，《密印品》的各印與真言，以及《秘密曼荼陀羅品》圖像的特色等，整理而成。而在歷史上，於整理「胎藏法」儀軌形式過程中，就產生了「胎藏四部儀軌」，概説了如何從《大日經》修正和整理出「胎藏法」。「胎藏四部儀軌」是指《攝大儀軌》三卷（善無畏譯），《廣大儀軌》三卷（善無畏譯），《玄法寺儀軌》二卷（法全撰），《青龍寺儀軌》三卷（法全集）。「胎藏四部儀軌」都全被收錄於《新修大正藏》。

「胎藏法」之次第及其真言之解析如下：

1　上堂行願分

1　上堂觀　2至道場門觀　3開道場門觀　4壇前普禮　5著座普禮　6塗香

7　三密觀　8淨三業　9佛部三昧耶【身】　10蓮華部三昧耶【口】　11金剛部三昧耶【意】　12被甲護身

13　加持香水【灑淨】　14加持供物

15　觀佛　16金剛起　17普禮　18表白　19神分

20　九方便

1】　入佛三昧耶

Namaḥ samanta-buddhānāṃ asame trisame samaye svāhā.

Namaḥ samanta-buddhānāṃ「皈命普遍諸佛」asame「等比」trisame「三平等」samaye「三昧耶」

2】　法界生

Namaḥ samanta-buddhānāṃ dharma-dhātu-svabhāvako haṃ.

Namaḥ samanta-buddhānāṃ「皈命普遍諸佛」dharma-dhātu svabhāvako「法界自性身」haṃ「我」.

3】 作禮方便

Oṃ namaḥ sarva-tathāgata-kāya-vāk-citta-vajra-pāda-vandanaṃ karomi.

Oṃ「唵」namaḥ sarva-tathāgata-「皈命一切如來」kāya-vāk-citta-「身、語、意」vajra「金剛」pāda「御足」vandanam「敬禮」karomi「我」

4】 出罪方便

Oṃ sarva-pāpa-sphoṭa-dahana-vajrāya svāhā.

Oṃ「唵」sarva-pāpa-「一切罪業」sphoṭa-「摧破」dahana-「焚燒」vajrāya「(皈命)金剛」svāhā.

5】 皈依方便

Oṃ sarva-buddha-bodhi-sattvaṃ śaranaṃ gacchāmi vajra-dharma hrīḥ.

Oṃ「唵」sarva-buddha-bodhi-sattvaṃ「一切佛菩薩」śaranaṃ「皈依處」gacchāmi「我皈依」vajra-dharma「金剛法」hrīḥ

6】 施身方便

Oṃ sarva-tathāgata-pūja-pravartanāya ātmanaṃ niryātayāmi sarvatathāgatāś ca adhitiṣṭhantāṃ sarva-tathāgata-jñānaṃ me āveśatu.

Oṃ sarva-tathāgata-「一切如來」pūja-pravartanāya「供養展開」ātmanaṃ niryātayāmi「己身我奉獻」sarvatathāgatāś ca adhitiṣṭhantāṃ「一切如來願加持」sarva-tathāgata-jñānaṃ me āveśatu「一切如來智我編入」

7】 發菩提心方便

Oṃ bodhicittam utpādayāmi.

Oṃ bodhicittam「菩提心」utpādayāmi「我發起」

8】 隨喜方便

Oṃ sarva-tathāgata-puṇya-jñāna-anumodana-pūja-megha-samudra-spharaṇa samaye hūṃ.

Oṃ sarva-tathāgata-puṇya-jñāna-「一切如來福智」anumodana-「隨喜」pūja-megha-samudra-spharaṇa-「供養雲海編覆」samaye「本誓」hūṃ.

9】 勸請方便

Oṃ sarva-tathāgata-adhyeṣaṇa-pūja-megha-samudra-spharaṇa-samaye hūṃ.

Oṃ sarva-tathāgata-「一切如來」adhyeṣaṇa-「勸請」pūja-megha-samudra-spharaṇa-「供養雲海編覆」samaye「本誓」hūṃ.

10】 奉請法身方便

Oṃ sarva-tathāgatān adhyeṣayāmi sarva-sattva-hita-arthāya dharmadhātu-sthitir bhavatu.

Oṃ sarva-tathāgatān「一切諸佛」adhyeṣayāmi「我勸請」sarva-sattva-hita-arthāya「一切有情利益目的」dharmadhātu-sthitir「法界住」bhavatu.

11】 廻向方便

Oṃ sarva-tathāgata-niryātana-pūja-megha-samudra-spharaṇa-samaye hūṃ.

Oṃ sarva-tathāgata-「一切如來」niryātana-pūja-megha-samudra-「奉獻供養雲海」spharaṇa-samaye「編覆本誓」hūṃ.

21 転法輪

Namaḥ samanta-vajrānāṃ vajra-ātmako haṃ.

Namaḥ samanta-vajrānāṃ「皈命普遍金剛」vajra-ātmako「金剛我性」haṃ.

22 不動能成就明

Namaḥ samanta-vajrānāṃ caṇḍa oṃ acala kāṇa caru-sādhāya hūṃ phaṭ.

Namaḥ samanta-vajrānāṃ「皈命普遍金剛」caṇḍa「暴惡者」oṃ acala「不動」kāṇa「眇目者」caru-sādhāya「供物成就」hūṃ phaṭ.

23 勸請 24發願 25五大願

26 普供養

Oṃ sarva-tathāgatebhyo viśva-mukhebhyaḥ sarva-thā kham udgate sphara hi imaṃ gagana-khaṃ svāhā.

Oṃ sarva-tathāgatebhyo「皈命一切如來」viśva-mukhebhyaḥ「種種方便」sarva-thā kham udgate「一切種現出」sphara hi imaṃ「舒遍真是」gagana-「虛空」khaṃ（虛空之神聖語）svāhā.

27　三力偈

2　三昧耶戒分

28　四無量觀　29地結　30四方結　31入佛三昧耶

32　法界生　33転法輪

34　金剛甲

Namaḥ samanta-buddhānāṃ oṃ vajra-kavaca hūṃ.

Namaḥ samanta-buddhānāṃ「皈命普遍諸佛」oṃ vajra-kavaca「金剛甲冑」hūṃ.

35　無堪忍

Namaḥ sarva-tathāgatebhyaḥ sarva-bhaya-vigatebhyo viśva-mukhebhyaḥ sarva-thā haṃ khaṃ bhaḥ saḥ rakṣa mahā-bale sarva-tathāgata-puṇyaniryate hūṃ hūṃ traṭ traṭ apratihate svāhā.

Namaḥ sarva-tathāgatebhyaḥ「皈命一切如來」sarva-bhaya-vigatebhyo「一切怖畏除去」viśva-mukhebhyaḥ sarva-thā「種種方便」haṃ khaṃ bhaḥ saḥ「一切種子字（南方・東方・北方・西方大護種子字）」rakṣa mahā-bale「大力者守護」，sarva-tathāwgata-puṇyaniryate「一切如來功德生」hūṃ hūṃ traṭ traṭ apratihate「內外二障恐怖無等比力無礙」svāhā.

3　事業道場分

36　住定印【覧字觀】

37　驚發地神偈

Tvaṃ devī sākṣī-bhūtasi sarva-buddhānāṃ tāyināṃ carya-naya-viśeṣeṣu bhūmi-pāramitāsu ca māra-sāinyaṃ yathā bhagnaḥ śākya-siṃhinaḥ tāyinaḥ tathā 'haṃ māra-jayaṃkṛtvā maṇḍalaṃ lelikhāmy ahaṃ.

Tvaṃ devī sākṣī-「汝女天親証明」bhūtasi「導師」sarva-buddhānāṃ「一切諸佛」tāyināṃ carya-「能所修」naya-「道」viśeṣeṣu「殊勝行」bhūmi-「地」pāramitāsu ca「波羅蜜地」māra-sāinyaṃ「魔軍」yathā bhagnaḥ「破」śākya-siṃhinaḥ「釋迦師子」tāyinaḥ tathā haṃ「救世者如我」māra-jayaṃkṛtvā「征伏勝利」maṇḍalaṃlelikhāmy「曼荼羅」ahaṃ.

38　勸請地神

Namaḥ samanta-buddhānāṃ pṛthivye ehyehi svāhā.

Namaḥ samanta-buddhānāṃ「皈命普遍諸佛」pṛthivye「地天女」ehyehi「召請」svāhā.

39　地神持次第

40　作壇

Oṃ nanda-nanda naṭi-naṭi nanda-bhari svāhā.

Oṃ nanda-nanda「歡喜歡喜」naṭi-naṭi「舞之女神舞之女神」nanda-bhari「歡喜持來」svāhā.

41 灑淨

Namaḥ samanta-buddhānāṃ apratisame gagana-same samantānugate prakṛti viśuddhe dharma-dhātu-viśuddhane svāhā.

Namaḥ samanta-buddhānāṃ「皈命普遍諸佛」apratisame「對等」gagana-same「虛空等」samantānugate「普遍隨至」prakṛti「本性」viśuddhe「清淨」dharma-dhātu-viśuddhane「法界淨除」svāhā.

42 持地

Namaḥ samanta-buddhānāṃ sarva-tathāgata-adhiṣṭhāna-adhiṣṭhite acale vimale smaraṇe prakṛti-pariśuddhe.

Namaḥ samanta-buddhānāṃ「皈命普遍諸佛」sarva-tathāgata-adhiṣṭhāna-adhiṣṭhite「一切如來神力加持」acale「動轉」vimale「無垢」smaraṇe「憶念」prakṛti-pariśuddhe「本性清淨」.

4 秘密道場分

43 五大觀

44 器界觀

45 曼荼羅概觀

46　三部字輪觀

1】　菩提心三昧耶句

Namaḥ samanta-buddhānāṃ bodhi a ṅa ña ṇa na ma svāhā.

Namaḥ samanta-buddhānāṃ「皈命普遍諸佛」bodhi「菩提」a ṅa ña ṇa na ma svāhā.

2】　菩提行發恵

Namaḥ samanta-buddhānāṃ carya ā ṅā ñā ṇā nā mā svāhā.

Namaḥ samanta-buddhānāṃ「皈命普遍諸佛」carya「菩提行」ā ṅā ñā ṇā nā mā svāhā.

3】　成菩提補欠

Namaḥ samanta-buddhānāṃ saṃbodha aṃ ṅaṃ ñaṃ ṇaṃ naṃ maṃ svāhā.

Namaḥ samanta-buddhānāṃ「皈命普遍諸佛」saṃbodha「正覺」aṃ ṅaṃ ñaṃ ṇaṃ naṃ maṃ svāhā.

4】　寂靜涅槃

Namaḥ samanta-buddhānāṃ nirvāṇa aḥ ṅaḥ ñaḥ ṇaḥ naḥ maḥ svāhā.

Namaḥ samanta-buddhānāṃ「皈命普遍諸佛」nirvāṇa「涅槃」aḥ ṅaḥ ñaḥ ṇaḥ naḥ maḥ svāhā.

47　法界平等觀

Namaḥ samanta-buddhānāṃ asamāpta-dharma-dhātu-gatiṃgatānāṃ sarvathā aṃ khaṃ aṃ aḥ saṃ saḥ haṃ haḥ raṃ raḥ vaṃ vaḥ svāhā hūṃ raṃ raḥ hra haḥ svāhā raṃ raḥ svāhā.

Namaḥ samanta-buddhānāṃ「皈命普遍諸佛」asamāpta-dharma-dhātu-gatiṃgatānāṃ「無限法界通達」sarvathā「一切種」aṃ khaṃ aṃ aḥ saṃ saḥ haṃ haḥ raṃ raḥ vaṃ vaḥ svāhā hūṃ raṃ raḥ hra haḥ svāhā raṃ raḥ（空輪、地輪、風輪、火輪、水輪、身、語、意之種子字）svāhā.

5　諸會諸聖分

48　八葉中台院

1】　大威德生

Namaḥ samanta-buddhānāṃ raṃ raḥ svāhā.

Namaḥ samanta-buddhānāṃ「皈命普遍諸佛」raṃ raḥ（火輪之種子字）svāhā.

2】　金剛不壞

Namaḥ samanta-buddhānāṃ vaṃ vaḥ svāhā.

Namaḥ samanta-buddhānāṃ「皈命普遍諸佛」vaṃ vaḥ（水輪之種子字）svāhā.

3】 蓮華藏

Namaḥ samanta-buddhānāṃ saṃ saḥ svāhā.

Namaḥ samanta-buddhānāṃ「皈命普遍諸佛」saṃ saḥ（地輪之種子字）svāhā.

4】 萬德莊嚴

Namaḥ samanta-buddhānāṃ haṃ haḥ svāhā.

Namaḥ samanta-buddhānāṃ「皈命普遍諸佛」haṃ haḥ（風輪之種子字）svāhā.

5】 一切支分生

Namaḥ samanta-buddhānāṃ aṃ aḥ svāhā.

Namaḥ samanta-buddhānāṃ「皈命普遍諸佛」aṃ aḥ（空輪之種子字）svāhā.

6】 世尊陀羅尼

Namaḥ samanta-buddhānāṃ buddha-dhāraṇi smṛti-bala-dhāna-kari dharaya sarvaṃ bhagavaty-ākāravati-samaye svāhā.

Namaḥ samanta-buddhānāṃ「皈命普遍諸佛」buddha-dhāraṇi「佛陀羅尼」smṛti-bala-dhāna-kari「念力保持者」dharaya sarvaṃ「保持一切」bhagavaty-ākāravati-samaye「世尊形相具本誓」svāhā.

7】 法住

Namaḥ samanta-buddhānāṃ ā veda-vide svāhā.

Namaḥ samanta-buddhānāṃ「皈命普遍諸佛」ā veda-vide「神聖智悟者」svāhā.

8】 迅疾持

Namaḥ samanta-buddhānāṃ mahā-yoga-yogini yogeśvari khaṃ jarike svāhā.

Namaḥ samanta-buddhānāṃ「皈命普遍諸佛」mahā-yoga-yogini「大瑜伽觀行者」yogeśvari「瑜伽自在」khaṃ jarike「空生成」svāhā.

9】 滿足一切智智明

10】 遍法界無所不至

Namaḥ sarva-tathāgatebhyo viśva-mukhebhyaḥ sarvathā a ā aṃ aḥ.

Namaḥ sarva-tathāgatebhyo「皈命一切如來」viśva-mukhebhyaḥ「種種方便」sarvathā a ā aṃ aḥ「一切種(發心、修業、菩提、涅槃之種子字)」.

11】 百光遍照

49 遍知院

1】 一切佛心

Namaḥ samanta-buddhānāṃ sarva-buddha-bodhisattva-hṛdayāny āveśani namaḥ sarva-vide svāhā.

Namaḥ samanta-buddhānāṃ「皈命普遍諸佛」sarva-buddha-bodhisattva-hṛdayāny āveśani「一切佛菩薩心遍入」namaḥ sarva-vide svāhā「皈命一切悟」.

2】 虛空眼明妃

Namaḥ samanta-buddhānāṃ gagana-vara-lakṣaṇe gagana-same sarvato udgatābhiḥ sāra-sambhave jvala namo amoghānāṃ svāhā.

Namaḥ samanta-buddhānāṃ「皈命普遍諸佛」gagana-vara-lakṣaṇe「虛空如勝上相」gagana-same「虛空等」sarvato udgatābhiḥ「一切生」sāra-sambhave「堅固生」jvala「光明」namo amoghānāṃ「皈命不空」svāhā.

3】 一切菩薩

Namaḥ samanta-buddhānāṃ sarvathā vimati-vikiraṇa-dharma-dhātunirjata saṃ saṃ ha svāhā.

Namaḥ samanta-buddhānāṃ「皈命普遍諸佛」sarvathā「一切種」vimati-vikiraṇa-「疑惑除棄」dharma-dhātunirjata「法界生」saṃ saṃ ha svāhā.

50 觀音院

1】 觀自在菩薩

Namaḥ samanta-buddhānāṃ sarva-tathāgata-avalokita-karuṇā-maya ra ra ra hūṃ jaḥ svāhā.

Namaḥ samanta-buddhānāṃ「皈命普遍諸佛」sarva-tathāgata-「一切如來」avalokita-「觀見」karuṇā-「悲」maya「成立」ra ra ra hūṃ jaḥ svāhā.

2】 多羅

Namaḥ samanta-buddhānāṃ karuṇa udbhave tāre tāriṇi svāhā.

Namaḥ samanta-buddhānāṃ「皈命普遍諸佛」karuṇa udbhave「悲潛生」tāre「救度母」tāriṇi「度者」svāhā.

3】 眥俱胝

Namaḥ samanta-buddhānāṃ sarva-bhaya-trāsani hūṃ sphoṭaya svāhā.

Namaḥ samanta-buddhānāṃ「皈命普遍諸佛」sarva-bhaya-trāsani「一切恐怖中恐怖」hūṃ sphoṭaya「摧破」svāhā.

4】 大勢至

Namaḥ samanta-buddhānāṃ jam jam saḥ svāhā.

Namaḥ samanta-buddhānāṃ「皈命普遍諸佛」jam jam saḥ svāhā.

5】 耶輸陀羅

Namaḥ samanta-buddhānāṃ yaṃ yaśodharāya svāhā.

Namaḥ samanta-buddhānāṃ「皈命普遍諸佛」yaṃ yaśodharāya「耶輸陀羅(美+持)」svāhā.

6】 白處

Namaḥ samanta-buddhānāṃ tathāgata-viṣaya-sambhave padma-mālini svāhā.

Namaḥ samanta-buddhānāṃ「皈命普遍諸佛」tathāgata-viṣaya-sambhave「如來境界生」padma-mālini「蓮華鬘持」svāhā.

7】 馬頭

Namaḥ samanta-buddhānāṃ hūṃ khāda bhañja sphoṭaya svāhā.

Namaḥ samanta-buddhānāṃ「皈命普遍諸佛」hūṃ khāda bhañja「噉食破壞」sphoṭaya「摧破」svāhā.

8】 諸菩薩

Namaḥ samanta-buddhānāṃ kṣaḥ ḍaḥ taraḥ yaṃ kaṃ.

Namaḥ samanta-buddhānāṃ「皈命普遍諸佛」kṣaḥ ḍaḥ taraḥ yaṃ kaṃ.

9】 地藏

Namaḥ samanta-buddhānāṃ ha ha ha sutanu svāhā.

Namaḥ samanta-buddhānāṃ「皈命普遍諸佛」ha ha ha sutanu「妙身」svāhā.

10】 諸奉教者

Namaḥ samanta-buddhānāṃ dhi śri haṃ braṃ.

Namaḥ samanta-buddhānāṃ「皈命普遍諸佛」dhi śri haṃ braṃ.

51 金剛手院【薩埵院】

1】 金剛手

Namaḥ samanta-vajrāṇāṃ caṇḍa mahā-roṣaṇa hūṃ.

Namaḥ samanta-vajrāṇāṃ「皈命普遍諸金剛」caṇḍa mahā-roṣaṇa「暴惡大憤怒者」hūṃ.

2】 忙計

Namaḥ samanta-vajrāṇāṃ triṭ triṭ jayanti svāhā.

Namaḥ samanta-vajrāṇāṃ「皈命普遍諸金剛」triṭ triṭ jayanti「勝利」svāhā.

3】 金剛針

Namaḥ samanta-vajrāṇāṃ sarva-dharma-nirvedhani vajra-sūci-varade svāhā.

Namaḥ samanta-vajrāṇāṃ「皈命普遍諸金剛」sarva-dharma-nirvedhani「一切法穿貫」vajra-sūci-varade「金剛針勝願」svāhā.

4】 金剛鏁

Namaḥ samanta-vajrāṇāṃ bandha bandhaya moṭa moṭaya vajrodbhave sarvatra apratihate svāhā.

Namaḥ samanta-vajrāṇāṃ「皈命普遍諸金剛」bandha bandhaya「縛縛」moṭa moṭaya「粉碎粉碎」vajrodbhave「金剛生」sarvatra apratihate「一切處能害」svāhā.

5】 降三世金剛

Namaḥ samanta-vajrāṇāṃ hrīḥ hūṃ phaṭ.

Namaḥ samanta-vajrāṇāṃ「皈命普遍諸金剛」hrīḥ hūṃ phaṭ.

6】 一切持金剛

Namaḥ samanta-vajrāṇāṃ hūṃ hūṃ hūṃ phaṭ phaṭ phaṭ jaṃ jaṃ svāhā.

Namaḥ samanta-vajrāṇāṃ「皈命普遍諸金剛」hūṃ hūṃ hūṃ phaṭ phaṭ phaṭ jaṃ jaṃ svāhā.

7】 金剛拳

Namaḥ samanta-vajrāṇāṃ sphoṭaya vajra-sambhave svāhā.

Namaḥ samanta-vajrāṇāṃ「皈命普遍諸金剛」sphoṭaya「摧破」vajra-sambhave「金剛生」svāhā.

8】 一切奉教金剛

Namaḥ samanta-vajrāṇāṃ he he kiṃ-cirāyasi gṛhnā gṛhnā khāda khāda paripūraya sva-pratijñāṃ svāhā.

Namaḥ samanta-vajrāṇāṃ「皈命普遍諸金剛」he he kiṃ-cirāyasi「汝何遲延」gṛhnā gṛhnā「執執」khāda khāda「噉盡噉盡」paripūraya「充滿」sva-pratijñāṃ「自己願」svāhā.

52 持明院

1】 般若菩薩

Oṃ dhi śrī-śrūta-vijaye svāhā.

Oṃ dhi śrī-śrūta-vijaye「吉祥名聞尊勝」svāhā.

2】 不動明王

Namaḥ sarva-tathāgatebhyaḥ sarva-mukhebhyaḥ sarvathā traṭ caṇḍa mahā-roṣaṇa khaṃ khā he khā he sarva-vighnaṃ hūṃ traṭ hāṃ māṃ.

Namaḥ sarva-tathāgatebhyaḥ「歸命一切如來」sarva-mukhebhyaḥ「一切巧度門」sarvathā traṭ「一切處」caṇḍa「暴惡者」mahā-roṣaṇa khaṃ「大憤怒者」khā he khā he「掘去掘去」sarva-vighnaṃ「一切障礙」hūṃ traṭ hāṃ māṃ.

3】 降三世

Oṃ sumbha nisumbha hūṃ gṛhnā gṛhnā hūṃ gṛhnā paya hūṃ ānaya hoḥ bhagavan vajra hūṃ phaṭ.

Oṃ sumbha nisumbha「降三世明王降三世明王」hūṃ gṛhnā gṛhnā「捕捉捕捉」hūṃ gṛhnā paya「捕捉去」hūṃ ānaya hoḥ「捉來」bhagavan vajra「世尊金剛」hūṃ phaṭ.

4】 大威德

Oṃ hrīḥ ṣṭrī vikṛta-ānana hūṃ sarva-śatrūn nāśaya stambhaya stambhaya sphoṭa sphoṭa svāhā.

Oṃ hrīḥ ṣṭrī vikṛta-ānana「變相」hūṃ sarva-śatrūn nāśaya「一切怨敵摧滅」stambhaya stambhaya「禁止禁止」sphoṭa sphoṭa「摧破摧破」svāhā.

5】 降三世

Namaḥ samanta-vajrāṇāṃ ha ha ha vismaye sarva-tathāgata-viṣayasambhava-trailokya-vijaya hūṃ jaḥ svāhā.

Namaḥ samanta-vajrāṇāṃ「歸命普遍諸金剛」ha ha ha vismaye「驚嘆」sarva-tathāgata-viṣayasambhava-「一切如來境界」trailokya-vijaya「降三世明王」hūṃ jaḥ svāhā.

53 釋迦院

1】 釋迦牟尼佛

Namaḥ samanta-buddhānāṃ bhaḥ sarva-kleśa-nisādana sarva-dharmavaśita-prāpta gagana-sama-asama svāhā.

Namaḥ samanta-buddhānāṃ「歸命普遍諸佛」bhaḥ sarva-kleśa-nisādana「一切煩惱摧伏」sarva-dharmavaśita-prāpta「一切法自在得」gagana-sama-asama「虛空等無等比」svāhā.

2】 能寂母

Namaḥ samanta-buddhānāṃ tathāgata-cakṣur-vyavalokāya svāhā.

Namaḥ samanta-buddhānāṃ「歸命普遍諸佛」tathāgata-cakṣur-vyavalokāya「如來眼觀見者」svāhā.

3】 毫相

Namaḥ samanta-buddhānāṃ varade vara-prāpte hūṃ svāhā.

Namaḥ samanta-buddhānāṃ「歸命普遍諸佛」varade vara-prāpte「勝願勝願得」hūṃ svāhā.

4】 一切諸佛頂

Namaḥ samanta-buddhānāṃ baṃ baṃ baṃ hūṃ hūṃ hūṃ phaṭ svāhā.

Namaḥ samanta-buddhānāṃ「歸命普遍諸佛」baṃ baṃ baṃ hūṃ hūṃ hūṃ phaṭ svāhā.

5】 白傘蓋佛頂

Namaḥ samanta-buddhānāṃ laṃ sitāta-pattra-uṣṇīṣa svāhā.

Namaḥ samanta-buddhānāṃ「歸命普遍諸佛」laṃ sitāta-pattra-uṣṇīṣa「白傘蓋佛頂」svāhā.

6】 勝佛頂

Namaḥ samanta-buddhānāṃ śaṃ jaya-uṣṇīṣa svāhā.

Namaḥ samanta-buddhānāṃ「歸命普遍諸佛」śaṃ jaya-uṣṇīṣa「勝佛頂」svāhā.

7】 最勝佛頂

Namaḥ samanta-buddhānāṃ śī si vijaya-uṣṇīṣa svāhā.

Namaḥ samanta-buddhānāṃ「歸命普遍諸佛」śī si vijaya-uṣṇīṣa「最勝佛頂」svāhā.

8】 光聚佛頂

Namaḥ samanta-buddhānāṃ trīṃ teyo-rāśy-uṣṇīṣa svāhā.

Namaḥ samanta-buddhānāṃ「歸命普遍諸佛」trīṃ teyo-rāśy-uṣṇīṣa「光聚佛頂」svāhā.

9】 除障佛頂

Namaḥ samanta-buddhānāṃ hrūṃ vikiraṇa-pañca-uṣṇīṣa svāhā.

Namaḥ samanta-buddhānāṃ「歸命普遍諸佛」hrūṃ vikiraṇa-pañca-uṣṇīṣa「五蓋障除佛頂」svāhā.

10】 廣生佛頂

Namaḥ samanta-buddhānāṃ ṭrūṃ uṣṇīṣa svāhā.

Namaḥ samanta-buddhānāṃ「歸命普遍諸佛」ṭrūṃ uṣṇīṣa「佛頂」svāhā.

11】 發生佛頂

Namaḥ samanta-buddhānāṃ śrūṃ uṣṇīṣa svāhā.

Namaḥ samanta-buddhānāṃ「歸命普遍諸佛」śrūṃ uṣṇīṣa「佛頂」svāhā.

12】 無量聲佛頂

Namaḥ samanta-buddhānāṃ hūṃ jaya-uṣṇīṣa svāhā.

Namaḥ samanta-buddhānāṃ「歸命普遍諸佛」hūṃ jaya-uṣṇīṣa「勝佛頂」svāhā.

13】 諸聲聞衆

Namaḥ samanta-buddhānāṃ hetu-pratyaya-vigata-karma-nirjata hūṃ.

Namaḥ samanta-buddhānāṃ「歸命普遍諸佛」hetu-pratyaya-「因緣」vigata-karma-nirjata「離業生」hūṃ.

14】 諸緣覺衆

Namaḥ samanta-buddhānāṃ vaḥ.

Namaḥ samanta-buddhānāṃ「歸命普遍諸佛」vaḥ.

15】 無能勝

Namaḥ samanta-buddhānāṃ dhriṃ dhriṃ riṃ riṃ jriṃ jriṃ svāhā.

Namaḥ samanta-buddhānāṃ「歸命普遍諸佛」dhriṃ dhriṃ riṃ riṃ jriṃ jriṃ svāhā.

16】 無能勝妃

Namaḥ samanta-buddhānāṃ aparājite jayanti svāhā.

Namaḥ samanta-buddhānāṃ「歸命普遍諸佛」aparājite「無能勝妃」jayanti「戰勝者」svāhā.

54 文殊院

1】 文殊菩薩

Namaḥ samanta-buddhānāṃ maṃ he he kumāraka vimukti-patha-sthita smara smara pratijñāṃ svāhā.

Namaḥ samanta-buddhānāṃ「歸命普遍諸佛」maṃ he he kumāraka「童子」vimukti-patha-sthita「解脱道住」smara smara「憶念憶念」pratijñāṃ「宿願」svāhā.

2】　光網菩薩

Namaḥ samanta-buddhānāṃ jaṃ he he kumāra māya-gata-svabhāva-sthita svāhā.

Namaḥ samanta-buddhānāṃ「歸命普遍諸佛」jaṃ he he kumāra「童子」māya-gata-svabhāva-sthita「幻知解自性」svāhā.

3】　無垢光菩薩

Namaḥ samanta-buddhānāṃ he kumāra vicitra-gati-kumāram anusmara svāhā.

Namaḥ samanta-buddhānāṃ「歸命普遍諸佛」he kumāra「童子」vicitra-gati-kumāram「種種行童子」anusmara「憶念」svāhā.

4】　計設尼

Namaḥ samanta-buddhānāṃ kli he he kumārike dāya-jñānaṃ smara smara pratijñāṃ svāhā.

Namaḥ samanta-buddhānāṃ「歸命普遍諸佛」kli he he kumārike「童女」dāya-jñānaṃ「與願智」smara smara「憶念憶念」pratijñāṃ「本願」svāhā.

5】 烏波計設儞

Namaḥ samanta-buddhānāṃ dri bhinnāya ajñānaṃ he kumārike svāhā.

Namaḥ samanta-buddhānāṃ「歸命普遍諸佛」dri bhinnāya ajñānaṃ「無智穿」he kumārike「童女」svāhā.

6】 地慧菩薩

Namaḥ samanta-buddhānāṃ hli he smara jñāna-ketuṃ svāhā.

Namaḥ samanta-buddhānāṃ「歸命普遍諸佛」hli he smara「憶念」jñāna-ketuṃ「智慧幢」svāhā.

7】 質怛羅童子

Namaḥ samanta-buddhānāṃ mli citra svāhā.

Namaḥ samanta-buddhānāṃ「歸命普遍諸佛」mli citra「雜色童子」svāhā.

8】 召請童子

Namaḥ samanta-buddhānāṃ ākarṣaya-sarvaṃ kuru ājñaṃ kumārasya svāhā.

Namaḥ samanta-buddhānāṃ「歸命普遍諸佛」ākarṣaya-sarvaṃ「召請一切」kuru ājñaṃ kumārasya「文殊教令童眞」svāhā.

9】 不思議童子

Namaḥ samanta-buddhānāṃ ā vismayanīye svāhā.

Namaḥ samanta-buddhānāṃ「歸命普遍諸佛」ā vismayanīye「稀有奇特事」svāhā.

55 除蓋障院

1】 除蓋障菩薩

Namaḥ samanta-buddhānāṃ ā sattva-hita-abhyudgata traṃ traṃ raṃ raṃ svāhā.

Namaḥ samanta-buddhānāṃ「歸命普遍諸佛」ā sattva-hita-abhyudgata「有情利益現出」traṃ traṃ raṃ raṃ svāhā.

2】 除疑怪菩薩

Namaḥ samanta-buddhānāṃ vimati-chedaka svāhā.

Namaḥ samanta-buddhānāṃ「歸命普遍諸佛」vimati-chedaka「疑惑裁斷者」svāhā.

3】 施無畏菩薩

Namaḥ samanta-buddhānāṃ abhayaṃ dada svāhā.

Namaḥ samanta-buddhānāṃ「歸命普遍諸佛」abhayaṃ dada「無畏施與」svāhā.

4】 除一切惡趣

Namaḥ samanta-buddhānāṃ abhyuddhāraṇi sattva-dhātuṃ svāhā.

Namaḥ samanta-buddhānāṃ「歸命普遍諸佛」abhyuddhāraṇi sattva-dhātuṃ「衆生界舉」svāhā.

5】 救護菩薩

Namaḥ samanta-buddhānāṃ he mahā-mahā smara pratijñāṃ svāhā.

Namaḥ samanta-buddhānāṃ「歸命普遍諸佛」he mahā-mahā「大中之大」smara pratijñāṃ「憶念本願」svāhā.

6】 大慈生菩薩

Namaḥ samanta-buddhānāṃ svacittodgata svāhā.

Namaḥ samanta-buddhānāṃ「歸命普遍諸佛」svacittodgata「自心生」svāhā.

7】 悲施潤菩薩

Namaḥ samanta-buddhānāṃ karuṇā-mreḍita svāhā.

Namaḥ samanta-buddhānāṃ「歸命普遍諸佛」karuṇā-mreḍita「悲念纏」svāhā.

8】　除一切熱惱菩薩

Namaḥ samanta-buddhānāṃ he varada vara-prāpta svāhā.

Namaḥ samanta-buddhānāṃ「歸命普遍諸佛」he varada「勝願與」vara-prāpta「勝願得」svāhā.

9】　不思議惠菩薩

Namaḥ samanta-buddhānāṃ sarva-āśa-paripūra svāhā.

Namaḥ samanta-buddhānāṃ「歸命普遍諸佛」sarva-āśa-paripūra「一切願滿」svāhā.

56　地藏院

1】　地藏菩薩

Namaḥ samanta-buddhānāṃ ha ha ha vismaye svāhā.

Namaḥ samanta-buddhānāṃ「歸命普遍諸佛」ha ha ha vismaye「稀有」svāhā.

2】　寶處菩薩

Namaḥ samanta-buddhānāṃ he mahā-mahā svāhā.

Namaḥ samanta-buddhānāṃ「歸命普遍諸佛」he mahā-mahā「大中之大」svāhā.

3】　寶手菩薩

Namaḥ samanta-buddhānāṃ ratnodbhava svāhā.

Namaḥ samanta-buddhānāṃ「歸命普遍諸佛」ratnodbhava「寶生」svāhā.

4】　持地菩薩

Namaḥ samanta-buddhānāṃ dharaṇi-dhara svāhā.

Namaḥ samanta-buddhānāṃ「歸命普遍諸佛」dharaṇi-dhara「地持者」svāhā.

5】　寶印手菩薩

Namaḥ samanta-buddhānāṃ ratna-nirjāta svāhā.

Namaḥ samanta-buddhānāṃ「歸命普遍諸佛」ratna-nirjāta「寶生」svāhā.

6】　堅固意菩薩

Namaḥ samanta-buddhānāṃ vajra-sambhava svāhā.

Namaḥ samanta-buddhānāṃ「歸命普遍諸佛」vajra-sambhava「金剛智生」svāhā.

57　虛空藏院

1】　虛空藏菩薩

Namaḥ samanta-buddhānāṃ ākāśa-samanta-anugata-vicitra-ambara-dhara svāhā.

Namaḥ samanta-buddhānāṃ「歸命普遍諸佛」ākāśa-samanta-anugata-「虛空普隨至」vicitra-ambara-dhara「雜色衣著」svāhā.

2】　虛空無垢菩薩

Namaḥ samanta-buddhānāṃ gagana-ananta-gocara svāhā.

Namaḥ samanta-buddhānāṃ「歸命普遍諸佛」gagana-ananta-gocara「虛空無邊所行」svāhā.

3】　虛空恵菩薩

Namaḥ samanta-buddhānāṃ cakra-vartti svāhā.

Namaḥ samanta-buddhānāṃ「歸命普遍諸佛」cakra-vartti「法輪転」svāhā.

4】　蓮華印菩薩

Namaḥ samanta-buddhānāṃ kuvalaya svāhā.

Namaḥ samanta-buddhānāṃ「歸命普遍諸佛」kuvalaya「睡蓮」svāhā.

5】 清淨慧菩薩

Namaḥ samanta-buddhānāṃ dharma-sambhava svāhā.

Namaḥ samanta-buddhānāṃ「歸命普遍諸佛」dharma-sambhava「法生」svāhā.

6】 行慧菩薩

Namaḥ samanta-buddhānāṃ padma-ālaya svāhā.

Namaḥ samanta-buddhānāṃ「歸命普遍諸佛」padma-ālaya「蓮華藏」svāhā.

7】 安住慧菩薩

Namaḥ samanta-buddhānāṃ jñāna-udbhava svāhā.

Namaḥ samanta-buddhānāṃ「歸命普遍諸佛」jñāna-udbhava「智出現」svāhā.

8】 出現智菩薩

Namaḥ samanta-buddhānāṃ ji vajra-sthira-buddhe pūrva-vā-ātmamantra-sara svāhā.

Namaḥ samanta-buddhānāṃ「歸命普遍諸佛」ji vajra-sthira-buddhe「如金剛堅固智」pūrva-vā-ātmamantra-sara「本初實自我真言動作」svāhā.

9】 執杵菩薩

Namaḥ samanta-buddhānāṃ vajra-kāra svāhā.

Namaḥ samanta-buddhānāṃ「歸命普遍諸佛」vajra-kāra「金剛作業」svāhā.

10】 壇波羅蜜

Oṃ bhagavati dāna-adhipate visṛja pūraya dānaṃ svāhā.

Oṃ bhagavati「世尊明妃」dāna-adhipate「施主棄捨」visṛja pūraya「佈施充滿」dānaṃ svāhā.

11】 戒波羅蜜

Oṃ śīla-dhāriṇi bhagavati hūṃ haḥ.

Oṃ śīla-dhāriṇi「戒持」bhagavati「世尊明妃」hūṃ haḥ.

12】 忍波羅蜜

Oṃ bhagavati kṣānti-dhāriṇi hūṃ phaṭ.

Oṃ bhagavati「世尊明妃」kṣānti-dhāriṇi「忍辱持」hūṃ phaṭ.

13】 精進波羅蜜

Oṃ vīrya-kari hūṃ vīrye vīrye svāhā.

Oṃ vīrya-kari「精進者」hūṃ vīrye vīrye「精進精進」svāhā.

14】 禪波羅蜜

Oṃ bhagavati sarva-pāpa-kāriṇi naitye hūṃ phaṭ.

Oṃ bhagavati「世尊明妃」sarva-pāpa-kāriṇi「一切罪棄除」naitye「永劫」hūṃ phaṭ.

15】 般若波羅蜜

Oṃ dhi śrī-śrūta-vijaye svāhā.

Oṃ dhi śrī-śrūta-vijaye「吉祥名聞尊勝」svāhā.

16】 方便波羅蜜

Oṃ mahā-maitra-citte svāhā.

Oṃ mahā-maitra-citte「大慈心」svāhā.

17】 願波羅蜜

Oṃ karuṇi-karuṇi ha ha ha saṃ svāhā.

Oṃ karuṇi-karuṇi「悲中悲」ha ha ha saṃ svāhā.

18】 力波羅蜜

Oṃ damani-modite hūṃ ha ha ha hūṃ jaḥ svāhā.

Oṃ damani-modite「降伏喜」hūṃ ha ha ha hūṃ jaḥ svāhā.

19】 智波羅蜜

Oṃ mama jñāna-kari hūṃ svāhā.

Oṃ mama jñāna-kari「我智作業」hūṃ svāhā.

20】 諸菩薩

Namaḥ samanta-buddhānāṃ kṣaḥ ḍaḥ taraḥ yaṃ kaṃ.

Namaḥ samanta-buddhānāṃ「皈命普遍諸佛」kṣaḥ ḍaḥ taraḥ yaṃ kaṃ.

58 最外院

1】 自在天子

Namaḥ samanta-buddhānāṃ oṃ parādy-ātma-ratibhyaḥ svāhā.

Namaḥ samanta-buddhānāṃ「歸命普遍諸佛」oṃ parādy-ātma-ratibhyaḥ「最高我諸適悅」svāhā.

2】 普華天子

Namaḥ samanta-buddhānāṃ manoramā-dharma-sambhava-vibhavakathana saṃ saṃ svāhā.

Namaḥ samanta-buddhānāṃ「歸命普遍諸佛」manoramā-dharma-sambhava-「意悅法生」vibhavakathana「富財話者」saṃ saṃ svāhā.

3】 光鬢天子

Namaḥ samanta-buddhānāṃ ja dyotisyānāṃ svāhā.

Namaḥ samanta-buddhānāṃ「歸命普遍諸佛」ja dyotisyānāṃ「光明」svāhā.

4】 満意天子

Namaḥ samanta-buddhānāṃ a oṃ ha ha nidhibhyaḥ svāhā.

Namaḥ samanta-buddhānāṃ「歸命普遍諸佛」a oṃ ha ha nidhibhyaḥ「諸諸寶藏」svāhā.

5】 遍音天子

Namaḥ samanta-buddhānāṃ oṃ ava-svarebhyaḥ svāhā.

Namaḥ samanta-buddhānāṃ「歸命普遍諸佛」oṃ ava-svarebhyaḥ「遍音天」svāhā.

6】 伊舍那天

Namaḥ samanta-buddhānāṃ rudrāya svāhā.

Namaḥ samanta-buddhānāṃ「歸命普遍諸佛」rudrāya「暴惡天」svāhā.

7】 部多衆

Namaḥ samanta-buddhānāṃ guṃ i guṃ i maṃ saṃ ne.

Namaḥ samanta-buddhānāṃ「歸命普遍諸佛」guṃ i guṃ i maṃ saṃ ne.

Namaḥ samanta-buddhānāṃ oṃ guhya-guhya-vaṉśani-bhūtānāṃ svāhā.

Namaḥ samanta-buddhānāṃ「歸命普遍諸佛」oṃ guhya-guhya-vaṉśani-bhūtānāṃ「秘密秘密種族部多衆」svāhā.

8】 帝釋天王

Namaḥ samanta-buddhānāṃ śakrāya svāhā.

Namaḥ samanta-buddhānāṃ「歸命普遍諸佛」śakrāya「帝釋」svāhā.

9】 持國天王

Namaḥ samanta-buddhānāṃ oṃ dhṛta-rāṣṭra-rārā-pramadana svāhā.

Namaḥ samanta-buddhānāṃ「歸命普遍諸佛」oṃ dhṛta-rāṣṭra-「持國天」rārā-pramadana「明美樂欲」svāhā.

10】 日天子

Namaḥ samanta-buddhānāṃ ādityāya svāhā.

Namaḥ samanta-buddhānāṃ「歸命普遍諸佛」ādityāya「日天」svāhā.

11】 摩利支天

Namaḥ samanta-buddhānāṃ māricye svāhā.

Namaḥ samanta-buddhānāṃ「歸命普遍諸佛」māricye「摩利支天」svāhā.

12】 七曜十二宮神九執

Namaḥ samanta-buddhānāṃ graheśvarya-prāpta-jyotirmaya svāhā.

Namaḥ samanta-buddhānāṃ「歸命普遍諸佛」graheśvarya-prāpta-jyotirmaya「運命執持得自在曜星」svāhā.

13】 大梵天王

Namaḥ samanta-buddhānāṃ prajāpataye svāhā.

Namaḥ samanta-buddhānāṃ「歸命普遍諸佛」prajāpataye「一切生主」svāhā.

14】 乾闥婆王

Namaḥ samanta-buddhānāṃ viśuddha-svara-vāhini svāhā.

Namaḥ samanta-buddhānāṃ「歸命普遍諸佛」viśuddha-svara-vāhini「清淨音運者」svāhā.

15】 諸阿修羅王

Namaḥ samanta-buddhānāṃ raṭa raṭa dhvāntaṃ vra vra.

Namaḥ samanta-buddhānāṃ「歸命普遍諸佛」raṭa raṭa「吼吼」dhvāntaṃ「暗黑」vra vra.

16】 摩羅伽

Namaḥ samanta-buddhānāṃ garalaṃ viralaṃ.

Namaḥ samanta-buddhānāṃ「歸命普遍諸佛」garalaṃ viralaṃ「蛇毒希薄」

17】 諸緊那羅

Namaḥ samanta-buddhānāṃ hasanāṃ vihasanāṃ.

Namaḥ samanta-buddhānāṃ「歸命普遍諸佛」hasanāṃ「笑者」vihasanāṃ「哄笑」.

18】 諸人

Namaḥ samanta-buddhānāṃ icchā-paramāṇu-maye mi svāhā.

Namaḥ samanta-buddhānāṃ「歸命普遍諸佛」icchā-paramāṇu-maye「希求極微成立者」mi svāhā.

19】 普世明妃

Namaḥ samanta-buddhānāṃ loka-āloka-karāya sarva-deva-nāga-yakṣagandharva-asura-garuḍa-kinnara-mahoraga-ādi-hṛdaya-nyākarṣāya vicitra-gati svāhā.

Namaḥ samanta-buddhānāṃ「歸命普遍諸佛」loka-āloka-karāya「世照明」sarva-deva-nāga-yakṣa-gandharva-asura-garuḍa-「一切天龍藥叉乾闥婆阿修羅金翅鳥」kinnara-「人非人」mahoraga-ādi-「大腹行等」hṛdaya-「心」nyākarṣāya vicitra-gati「攝種種趣」svāhā.

20】 火天

Namaḥ samanta-buddhānāṃ agnaye svāhā.

Namaḥ samanta-buddhānāṃ「歸命普遍諸佛」agnaye「火天」svāhā.

21】 火天後

Namaḥ samanta-buddhānāṃ agnāyai svāhā.

Namaḥ samanta-buddhānāṃ「歸命普遍諸佛」agnāyai「火天後」svāhā.

22】 縛斯仙

Namaḥ samanta-buddhānāṃ vasiṣṭhārṣim svāhā.

Namaḥ samanta-buddhānāṃ「歸命普遍諸佛」vasiṣṭhārṣim「縛斯仙」svāhā.

23】 阿趺哩仙

Namaḥ samanta-buddhānāṃ atiraya-mahārṣim svāhā.

Namaḥ samanta-buddhānāṃ「歸命普遍諸佛」atiraya-mahārṣim「阿趺哩大仙」svāhā.

24】 尾哩瞿仙

Namaḥ samanta-buddhānāṃ bhṛgu-uttama-mahārṣim svāhā.

Namaḥ samanta-buddhānāṃ「歸命普遍諸佛」bhṛgu-uttama-mahārṣim「尾哩瞿最上大仙」svāhā.

25】 驕答摩仙

Namaḥ samanta-buddhānāṃ Gautama-mahārṣim svāhā.

Namaḥ samanta-buddhānāṃ「歸命普遍諸佛」Gautama-mahārṣim「驕答摩大仙」svāhā.

26】 蘖哩伽仙

Namaḥ samanta-buddhānāṃ garga-mahārṣim svāhā.

Namaḥ samanta-buddhānāṃ「歸命普遍諸佛」garga-mahārṣim「蘖哩伽大仙」svāhā.

27】 增長天王

Namaḥ samanta-buddhānāṃ oṃ virūḍhaka-yakṣādhipataye svāhā.

Namaḥ samanta-buddhānāṃ「歸命普遍諸佛」oṃ virūḍhaka-yakṣādhipataye「增長天藥叉主」svāhā.

28】 閻魔王

Namaḥ samanta-buddhānāṃ vaivasvatāya svāhā.

Namaḥ samanta-buddhānāṃ「歸命普遍諸佛」vaivasvatāya「日神」svāhā.

29】 死王

Namaḥ samanta-buddhānāṃ mṛtyave svāhā.

Namaḥ samanta-buddhānāṃ「歸命普遍諸佛」mṛtyave「死王」svāhā.

30】 焰魔後

Namaḥ samanta-buddhānāṃ mṛtyave svāhā.

Namaḥ samanta-buddhānāṃ「歸命普遍諸佛」mṛtyave「焰魔後」svāhā.

31】 焰魔七母

Namaḥ samanta-buddhānāṃ mātṛbhyaḥ svāhā.

Namaḥ samanta-buddhānāṃ「歸命普遍諸佛」mātṛbhyaḥ「諸母天」svāhā.

32】 暗夜神

Namaḥ samanta-buddhānāṃ kāla-rātriye svāhā.

Namaḥ samanta-buddhānāṃ「歸命普遍諸佛」kāla-rātriye「暗夜神」svāhā.

33】 奉教官

Namaḥ samanta-buddhānāṃ citra-guptāya svāhā.

Namaḥ samanta-buddhānāṃ「歸命普遍諸佛」citra-guptāya「奉教官」svāhā.

34】 拏吉尼

Namaḥ samanta-buddhānāṃ hrī haḥ.

Namaḥ samanta-buddhānāṃ「歸命普遍諸佛」hrī haḥ.

35】 金翅鳥王

Oṃ kṣipa svāhā oṃ pakṣi svāhā.

Oṃ kṣipa「搏擊者」svāhā oṃ pakṣi「翼者」svāhā.

36】 羅刹主

Namaḥ samanta-buddhānāṃ rākṣasādhipataye svāhā.

Namaḥ samanta-buddhānāṃ「歸命普遍諸佛」rākṣasādhipataye「羅刹主」svāhā.

37】 羅刹斯

Namaḥ samanta-buddhānāṃ rākṣasa-gaṇimi svāhā.

Namaḥ samanta-buddhānāṃ「歸命普遍諸佛」rākṣasa-gaṇimi「羅刹」svāhā.

38】 將兄

Namaḥ samanta-buddhānāṃ kraṃ keri.

Namaḥ samanta-buddhānāṃ「歸命普遍諸佛」kraṃ keri.

39】 羅剎衆

Namaḥ samanta-buddhānāṃ rākṣasebhyaḥ svāhā.

Namaḥ samanta-buddhānāṃ「歸命普遍諸佛」rākṣasebhyaḥ「羅剎衆」svāhā.

40】 廣目天王

Namaḥ samanta-buddhānāṃ oṃ virūpākṣa-nāga-adhipataye svāhā.

Namaḥ samanta-buddhānāṃ「歸命普遍諸佛」oṃ virūpākṣa-nāga-adhipataye「廣目龍主」svāhā.

41】 水天

Namaḥ samanta-buddhānāṃ apāṃ-pataye svāhā.

Namaḥ samanta-buddhānāṃ「歸命普遍諸佛」apāṃ-pataye「水主」svāhā

42】 難陀拔難陀

Namaḥ samanta-buddhānāṃ nanda-upanandayoḥ svāhā.

Namaḥ samanta-buddhānāṃ「歸命普遍諸佛」nanda-upanandayoḥ「難陀拔難陀」svāhā.

43】 諸龍

Namaḥ samanta-buddhānāṃ megha-aśanāya svāhā.

Namaḥ samanta-buddhānāṃ「歸命普遍諸佛」megha-aśanāya「雲噉食」svāhā.

44】 地神

Namaḥ samanta-buddhānāṃ pṛthiviye svāhā.

Namaḥ samanta-buddhānāṃ「歸命普遍諸佛」pṛthiviye「地天」svāhā.

45】 妙音天

Namaḥ samanta-buddhānāṃ sarasvatye svāhā.

Namaḥ samanta-buddhānāṃ「歸命普遍諸佛」sarasvatye「弁才天」svāhā.

46】 那羅延天

Namaḥ samanta-buddhānāṃ viṣṇave svāhā.

Namaḥ samanta-buddhānāṃ「歸命普遍諸佛」viṣṇave「那羅延天」svāhā.

47】 那羅延後

Namaḥ samanta-buddhānāṃ viṣṇavi svāhā.

Namaḥ samanta-buddhānāṃ「歸命普遍諸佛」viṣṇavi「那羅延後」svāhā.

48】 月天

Namaḥ samanta-buddhānāṃ candrāya svāhā.

Namaḥ samanta-buddhānāṃ「歸命普遍諸佛」candrāya「月天」svāhā.

49】 廿八宿

Namaḥ samanta-buddhānāṃ nakṣatra-nirnadanye svāhā. Namaḥ samantabuddhānāṃ oṃ aṣṭa-viṃśatināṃ nakṣatrebhyaḥ nirnadanye ṭaki hūṃ jaḥ svāhā.

Namaḥ samanta-buddhānāṃ「歸命普遍諸佛」nakṣatra-nirnadanye「星宿聲」svāhā. Namaḥ samanta-buddhānāṃ「歸命普遍諸佛」oṃ aṣṭa-viṃśatināṃ nakṣatrebhyaḥ nirnadanye「廿八星宿聲」ṭaki「凝視」hūṃ jaḥ svāhā.

50】 風天

Namaḥ samanta-buddhānāṃ vāyave svāhā.

Namaḥ samanta-buddhānāṃ「歸命普遍諸佛」vāyave「風天」svāhā.

51】 魔醯首羅天王

Namaḥ samanta-buddhānāṃ oṃ maheśvarāya svāhā.

Namaḥ samanta-buddhānāṃ「歸命普遍諸佛」oṃ maheśvarāya「大自在天」svāhā.

52】 烏摩妃

Namaḥ samanta-buddhānāṃ umā-devi svāhā.

Namaḥ samanta-buddhānāṃ「歸命普遍諸佛」umā-devi「烏摩妃」svāhā.

53】 遮文荼

Namaḥ samanta-buddhānāṃ cāmuṇḍāyai svāhā.

Namaḥ samanta-buddhānāṃ「歸命普遍諸佛」cāmuṇḍāyai「遮文荼」svāhā.

54】 多聞天

Namaḥ samanta-buddhānāṃ vaiśravaṇāya svāhā.

Namaḥ samanta-buddhānāṃ「歸命普遍諸佛」vaiśravaṇāya「毘沙門天」svāhā.

55】 諸藥叉

Namaḥ samanta-buddhānāṃ yakṣeśvara svāhā.

Namaḥ samanta-buddhānāṃ「歸命普遍諸佛」yakṣeśvara「藥叉自在」svāhā

56】 諸藥叉女

Namaḥ samanta-buddhānāṃ yakṣa-vidyādhari svāhā.

Namaḥ samanta-buddhānāṃ「歸命普遍諸佛」yakṣa-vidyādhari「夜叉持明」svāhā.

57】 諸毘舍遮

Namaḥ samanta-buddhānāṃ piśāca-gati svāhā.

Namaḥ samanta-buddhānāṃ「歸命普遍諸佛」piśāca-gati「鬼趣」svāhā.

58】 諸背舍支(ビシャシ)

Namaḥ samanta-buddhānāṃ pici pici svāhā.

Namaḥ samanta-buddhānāṃ「歸命普遍諸佛」pici pici「諸背舍支」svāhā.

59】 諸人普世明妃(參照【18】【19】)·

6 召請結界分

59 淨治

Oṃ susiddhi-kari jvalita nānā-anta-mūrtaye jvala jvala bandha bandha hana hana hūṃ phaṭ.

Oṃ susiddhi-kari「妙成就者」jvalita「光明」nānā-anta-mūrtaye「種種極限美」jvala jvala「光明光明」bandha bandha「繫縛繫縛」hana hana「打破打破」hūṃ phaṭ.

60 不動大明王

Namaḥ samanta-buddhānāṃ caṇḍa-mahāroṣaṇa sphoṭaya hūṃ traṭ hāṃ māṃ.

Namaḥ samanta-buddhānāṃ「歸命普遍諸佛」caṇḍa-mahāroṣaṇa sphoṭaya「暴惡大憤怒相」hūṃ traṭ hāṃ māṃ.

61　金剛鉤

Namaḥ samanta-buddhānāṃ āḥ sarvatra apratihata-tathāgata-aṅkuśa bodhicarya-paripūraka svāhā.

Namaḥ samanta-buddhānāṃ「歸命普遍諸佛」āḥ sarvatra apratihata-「一切處無礙」tathāgata-aṅkuśa「如來鉤」bodhicarya-paripūraka「菩提行圓满」svāhā.

62　立身

Namaḥ samanta-vajrānāṃ hāṃ.

Namaḥ samanta-vajrānāṃ「歸命普遍諸金剛」hāṃ.

63　示三昧耶（參照20【1】）

64　金剛網【虛空網】 65金剛炎【火院】 66大三昧耶

7　供養讚嘆分

67　閼伽【沐浴洗足】 68蓮華座　69振鈴　70四智讚

71　不動示座（參照62）

72　金剛手

Namaḥ samanta-buddhānāṃ caṇḍa-mahāroṣaṇa hūṃ.

Namaḥ samanta-buddhānāṃ「歸命普遍諸佛」caṇḍa-mahāroṣaṇa「暴惡大憤怒者」hūṃ.

73 金剛甲（參照34）

74 怖魔

Namaḥ samanta-buddhānāṃ mahā-bala-vati daśa-balodbhave mahā-maitreya abhyudgate svāhā.

Namaḥ samanta-buddhānāṃ「歸命普遍諸佛」mahā-bala-vati「大力有」daśa-balodbhave「十力顯現」mahā-maitreya「大慈」abhyudgate「發生」svāhā.

75 無堪忍四方四大護

Namaḥ samanta-buddhānāṃ sarvatra anugate bandhaya-sīman-mahā-samayanirjate smaraṇe apratihate dhāka dhāka cara cara bandha bandha daśa-diśaṃ sarva-tathāgata-anujñate pravara-dharma-labdha-vijaye bhagavati vikule vikule le lu pu ri vi ku ri svāhā.

Namaḥ samanta-buddhānāṃ「歸命普遍諸佛」sarvatra「一切處」anugate「隨至」bandhaya-sīman-「結界」mahā-samayanirjate「大本誓生」smaraṇe「憶念」apratihate「無能害」dhāka dhāka「畏敬畏敬」cara cara「行行」bandha bandha「結縛結縛」daśa-diśaṃ「十方」sarva-tathāgata-「一切如來」anujñate「教法」pravara-dharma-「最高法」labdha-vijaye「得尊勝」bhagavati「世尊明妃」vikule vikule le lu pu ri vi ku ri svāhā.

76　無能勝

Namaḥ samanta-buddhānāṃ durdharṣa-mahāroṣaṇa khādaya sarvaṃ tathāgataajñāṃ kuru svāhā.

Namaḥ samanta-buddhānāṃ「歸命普遍諸佛」durdharṣa-「不可越」mahāroṣaṇa「大憤怒者」khādaya「噉食」sarvaṃ tathāgataajñāṃ「一切如來教勅」kuru「行」svāhā.

77　相向守護

Namaḥ samanta-vajrāṇāṃ he abhimukha mahā-pracaṇḍa khādaya kiṃ cirāyasi samayam anusmara svāhā.

Namaḥ samanta-vajrāṇāṃ「歸命普遍諸金剛」he abhimukha「相向大護」mahā-pracaṇḍa「大極暴惡者」khādaya「噉食」kiṃ cirāyasi「汝何急速」samayam「本誓」anusmara「憶念」svāhā.

78　不動尊心

Namaḥ samanta-vajrāṇāṃ hāṃ māṃ.

Namaḥ samanta-vajrāṇāṃ「歸命普遍諸金剛」hāṃ māṃ.

79　塗香　80花鬘　81焚香　82飲食　83燈明

84　虛空藏転明妃

Namaḥ sarva-tathāgatebhyaḥ viśva-mukhebhyaḥ sarvathā kham udgate sphara he māṃ gagana kaṃ svāhā.

Namaḥ sarva-tathāgatebhyaḥviśva-mukhebhyaḥ「歸命一切如來種種巧度門」sarvathā kham udgate「一切方法空生」sphara「舒遍」he māṃ「我」gagana「虛空」kaṃ svāhā.

85　事供

86　讃

Sarva-vyabhibhava agra-agrya sugata-adhipate jina traidhātuka-mahārāja vairocana namo 'stu te.

Sarva-vyabhibhava「一切卓越」agra-agrya「最上尊」sugata-adhipate jina「善逝主勝利者」traidhātuka-mahārāja「三界大王」vairocana「遍照金剛」namo 'stu te「汝歸命」.

87　仰啓謝　88虛空藏転明妃　89三力祈願　90禮佛

8 成身加持分

91 如來身會

1】 大慧刀

Namaḥ samanta-buddhānāṃ mahā-khaḍga viraja-dharma-saṃdarśaka sahaja-satkāya-dṛṣṭi-chedaka tathāgata-adhimukti-nirjāta virāga-dharmanirjāta hūṃ.

Namaḥ samanta-buddhānāṃ「歸命普遍諸佛」mahā-khaḍga「大刀」viraja-dharma-saṃdarśaka「無垢法示現」sahaja-satkāya-dṛṣṭi-chedaka「俱生身見裁斷」tathāgata-adhimukti-nirjāta「如來信解生」virāga-dharmanirjāta「無貪法生」hūṃ.

2】 大法螺

Namaḥ samanta-buddhānāṃ aṃ.

Namaḥ samanta-buddhānāṃ「歸命普遍諸佛」aṃ.

3】 蓮華座

Namaḥ samanta-buddhānāṃ āḥ.

Namaḥ samanta-buddhānāṃ「歸命普遍諸佛」āḥ.

4】 金剛恵

Namaḥ samanta-buddhānāṃ hūṃ.

Namaḥ samanta-buddhānāṃ「歸命普遍諸佛」hūṃ.

5】 如來頂

Namaḥ samanta-buddhānāṃ hūṃ hūṃ.

Namaḥ samanta-buddhānāṃ「歸命普遍諸佛」hūṃ hūṃ.

6】 如來頂相

Namaḥ samanta-buddhānāṃ aṃ gagana-ananta-spharaṇa viśuddhadharma-nirjāta svāhā.

Namaḥ samanta-buddhānāṃ「歸命普遍諸佛」aṃ gagana-ananta-「無邊虛空」spharaṇa「舒遍」viśuddhadharma-nirjāta「清淨法生」svāhā.

7】 毫相藏

Namaḥ samanta-buddhānāṃ āḥ haṃ jaḥ.

Namaḥ samanta-buddhānāṃ「歸命普遍諸佛」āḥ haṃ jaḥ.

8】 大鉢

Namaḥ samanta-buddhānāṃ bhaḥ.

Namaḥ samanta-buddhānāṃ「歸命普遍諸佛」bhaḥ.

9】 施無畏

Namaḥ samanta-buddhānāṃ sarvathā jina-jina bhaya-nāśana svāhā.

Namaḥ samanta-buddhānāṃ「歸命普遍諸佛」sarvathā jina-jina「遍一切勝者中勝者」bhaya-nāśana「怖畏除」svāhā.

10】 與滿願

Namaḥ samanta-buddhānāṃ varadavajrātmaka svāhā.

Namaḥ samanta-buddhānāṃ「歸命普遍諸佛」varada vajrātmaka「勝願金剛我」svāhā.

11】 悲生眼

Namaḥ samanta-buddhānāṃ gagana-vara-lakṣaṇa karuṇa-maya tathāgatacakṣuḥ svāhā.

Namaḥ samanta-buddhānāṃ「歸命普遍諸佛」gagana-vara-lakṣaṇa「虛空勝願相」karuṇa-maya「悲成立」tathāgatacakṣuḥ「如來眼」svāhā.

12】 如來索

Namaḥ samanta-buddhānāṃ aṃ he he mahā-pāśa prasara-āudārya sattvadhātu-vimohaka tathāgata-adhimukti-nirjāta svāhā.

Namaḥ samanta-buddhānāṃ「歸命普遍諸佛」aṃ he he mahā-pāśa「大羂索」prasara-「普遍」āudārya sattvadhātu-「廣大有情界」vimohaka「癡除」tathāgata-adhimukti-nirjāta「如來信解生」svāhā.

13】 如來心

Namaḥ samanta-buddhānāṃ aṃ jñāna-udbhava svāhā.

Namaḥ samanta-buddhānāṃ「歸命普遍諸佛」aṃ jñāna-udbhava「智生」svāhā.

14】 如來臍

Namaḥ samanta-buddhānāṃ aṃ amṛta-udbhava svāhā.

Namaḥ samanta-buddhānāṃ「歸命普遍諸佛」aṃ amṛta-udbhava「甘露生」svāhā.

15】 如來腰

Namaḥ samanta-buddhānāṃ aṃ tathāgata-sambhava svāhā.

Namaḥ samanta-buddhānāṃ「歸命普遍諸佛」aṃ tathāgata-sambhava「如來生」svāhā.

16】 如來藏

Namaḥ sarva-tathāgatebhyaḥ raṃ raṃ raḥ raḥ svāhā.

Namaḥ sarva-tathāgatebhyaḥ「歸命一切如來」raṃ raṃ raḥ raḥ svāhā.

17】 如來普光

Namaḥ samanta-buddhānāṃ aṃ jvala-mālini tathāgata-arci svāhā.

Namaḥ samanta-buddhānāṃ「歸命普遍諸佛」aṃ jvala-mālini「焰光鬘有」tathāgata-arci「如來光明」svāhā.

18】 如來甲

Namaḥ samanta-buddhānāṃ aṃ vajra-jvala visphara hūṃ svāhā.

Namaḥ samanta-buddhānāṃ「歸命普遍諸佛」aṃ vajra-jvala visphara「金剛焰光舒遍」hūṃ svāhā.

19】 如來舌相

Namaḥ samanta-buddhānāṃ aṃ tathāgata-jihva satya-dharma-pratiṣṭhita svāhā.

Namaḥ samanta-buddhānāṃ「歸命普遍諸佛」aṃ tathāgata-jihva「如來舌」satya-dharma-「真諦法」pratiṣṭhita「住」svāhā.

20】 如來語

Namaḥ samanta-buddhānāṃ aṃ tathāgata-mahā-vaktra viśva-jñānamahā-udaya svāhā.

Namaḥ samanta-buddhānāṃ aṃ「歸命普遍諸佛」tathāgata-mahā-vaktra「如來大口」viśva-jñāna-mahā-udaya「遍智大顯現」svāhā.

21】 如來牙

Namaḥ samanta-buddhānāṃ aṃ tathāgata-daṃṣṭra-rasa-rasāgra-saṃprāpaka sarva-tathāgata-viṣaya-sambhava svāhā.

Namaḥ samanta-buddhānāṃ「歸命普遍諸佛」aṃ tathāgata-daṃṣṭra-「如來牙」rasa-rasāgra-「味中味」saṃprāpaka「勝上得」sarva-tathāgata-viṣaya-sambhava「一切如來境界生」svāhā.

22】 如來舟舌

Namaḥ samanta-buddhānāṃ acintya-adbhūta-rūpa-vācaṃ samanta-prāpta viśuddha-svara svāhā.

Namaḥ samanta-buddhānāṃ「歸命普遍諸佛」acintya-「不思議」adbhūta- rūpa-vācaṃ「奇特分明言語」samanta-prāpta「遍逮得」viśuddha-svara「清淨言音」svāhā.

23】 如來持十力

Namaḥ samanta-buddhānāṃ daśa-bala-aṅga-dhara hūṃ saṃ jaṃ svāhā.

Namaḥ samanta-buddhānāṃ「歸命普遍諸佛」daśa-bala-「十力」aṅga-「支分」dhara「持」hūṃ saṃ jaṃ svāhā.

24】 如來念處

Namaḥ samanta-buddhānāṃ tathāgata-smṛti-sattva-hita-abhyudgata gagana-sama-asama svāhā.

Namaḥ samanta-buddhānāṃ「歸命普遍諸佛」tathāgata-smṛti-「如來念」sattva-hita-「有情利益」abhyudgata gagana-sama-asama「現出虛空等無等」svāhā.

25】 一切法平等開悟

Namaḥ samanta-buddhānāṃ sarva-dharma-samatā-prāpta-tathāgataanugata svāhā.

Namaḥ samanta-buddhānāṃ「歸命普遍諸佛」sarva-dharma-samatā-prāpta-「一切法平等性得」tathāgataanugata「如來隨至」svāhā.

92 普賢菩薩如意珠

Namaḥ samanta-buddhānāṃ samatā-anugata viraja-dharma-nirjāta-mahāmahā svāhā.

Namaḥ samanta-buddhānāṃ「歸命普遍諸佛」samatā-anugata「平等性隨至」viraja-dharma-nirjāta-「無垢法生」mahā-mahā「大大」svāhā.

93 慈氏菩薩

Namaḥ samanta-buddhānāṃ ajitaṃjaya sarva-sattva-āśaya-anugata svāhā.

Namaḥ samanta-buddhānāṃ「歸命普遍諸佛」ajitaṃ jaya「未降伏者降伏」sarva-sattva-āśaya-anugata「一切有情意樂隨順」svāhā.

94 三世無礙力

Tadyathā gagana-same apratisame sarva-tathāgata-samatā-anugate gaganasame vara lakṣaṇe svāhā.

Tadyathā「曰」gagana-same「虛空等」apratisame「対等」sarva-tathāgata-samatā-「一切如來平等性」anugate「隨順」gaganasame「等虛空」vara lakṣaṇe「勝願相」svāhā.

95 無能害力明妃

Namaḥ sarva-tathāgatebhyaḥ sarva-mukhebhyaḥ asame parame acale gagane smaraṇe sarvatra anugate svāhā.

Namaḥ sarva-tathāgatebhyaḥ sarva-mukhebhyaḥ「一切如來一切巧度門」asame parame acale「等比第一動転」gagane「虛空」smaraṇe sarvatra anugate「憶念一切處遍至」svāhā.

96 本尊加持 97九重月輪觀

9 念誦修習分

98 正念誦 99本尊加持 100字輪觀 101本尊加持 102散念誦

10　後供方便分

103　理供養　104事供養　105閼伽　106讃　107普供養三力祈願　108禮佛　109後鈴　110迴向　111解界

112　加持句

Namaḥ samanta-buddhānāṃ sarvathā śim śim traṃ traṃ guṃ guṃ dharaṃ dharaṃ sthāpaya sthāpaya Buddha-satya-vāg hūṃ hūṃ veda-vide svāhā.

Namaḥ samanta-buddhānāṃ「歸命普遍諸佛」sarvathā「一切種」śim śim traṃ traṃ guṃ guṃ dharaṃ dharaṃ「地地」sthāpaya sthāpaya「住住」Buddha-satya-vāg「佛真實語」hūṃ hūṃ veda-vide「聖智了」svāhā.

113　發遣

Oṃ krito vaḥ sarva-sattva-arthaḥ siddhir dattā yathā anugā gacchadhvan Buddha-viṣayaṃ punar āgamanayatu oṃ padma-sattva muḥ.

Oṃ krito vaḥ sarva-sattva-arthaḥ siddhir「為汝等一切有情利益悉地」dattā yathā anugā「與隨順如」gacchadhvan Buddha-viṣayaṃ「還著汝等佛國」punar āgamanayatu「復來」oṃ padma-sattva「蓮華部薩埵」muḥ.

114　三部三昧耶　115被甲護身　116普禮　117下盤普禮　118出堂

「金剛界行法」真言之解析

《金剛頂蓮華部心念誦儀軌》全一卷，唐代不空譯，又作《金剛界儀軌》、《蓮華部心念誦儀軌》、《蓮華部心儀軌》、蓮華部心軌、《蓮華部儀軌》，收於《大正藏》第十八冊，內容記述「金剛界曼荼羅」諸尊之念誦供養法，依序明示〈成身會〉、〈羯磨會〉、〈三昧耶會〉、〈供養會〉等諸尊之印契真言。又不空所傳譯之《金剛頂一切如來真實攝大乘現證大教王經》二卷，即此《金剛頂蓮華部心念誦儀軌》之同本異譯。

此儀軌是密教真言宗「金剛界法」的基礎。其所說印言，大抵可分為：

一、 入壇諸作法

二、 三昧耶契

三、 五相成身與諸佛加持灌頂等

四、 成身與道場觀

五、 羯磨契

六、 供養契

七、 念誦供養

「金剛界法」之次第及其真言之解析如下：

1　上堂行願分

1 上堂觀 2至道場門觀 3開道場門觀 4壇前普禮 5傳供 6著座普禮 7塗香 8三密觀 9淨三業 10佛部三昧耶 11蓮華部三昧耶 12金剛部三昧耶 13被甲護身 14加持香水【灑淨】

15　加持供物

Oṃ nisumbha-vajra hūṃ phaṭ.

Oṃ nisumbha-vajra「金剛」hūṃ「種子」phat「摧破」

16　覽字觀 17淨地

18　淨身

Oṃ svabhāva-śuddhāḥ sarva-dharmāḥ svabhāva śuddhi

Oṃ svabhāva-śuddhāḥ sarva-dharmāḥ「自性」svabhāva「清淨」śuddhi「一切諸法」

19　淨三業 20佛部心三昧耶 21蓮華部心三昧耶 22金剛部心三昧耶 23被甲 24觀佛 25金剛起 26本尊普禮【參照十八道】

27　四禮

1】　東方阿閦禮

Oṃ sarva-tathāgata-pūjopasthānāya ātmānaṃ niryātayāmi sarva-tathāgata vajrasattva adhiṣṭhāsva māṃ hūṃ.

Oṃ sarva-tathāgata「一切如來之供養」-pūjopasthānāya ātmānaṃ「承事我己身奉獻」niryātayāmi sarva-tathāgata vajrasattva「一切如來金剛薩埵」adhiṣṭhāsva māṃ hūṃ.「我加持」

2】　南方寶生禮

Oṃ sarva-tathāgata-pūjābhiṣekāya ātmānaṃ niryātayāmi sarva-tathāgatavajra-ratna abhiṣiñca māṃ traḥ.

Oṃ sarva-tathāgata「一切如來之供養」-pūjābhiṣekāya ātmānaṃ「我己身奉獻灌頂奉獻」niryātayāmi sarva-tathāgatavajra-ratna「一切如來金剛寶」abhiṣiñcamāṃ traḥ.「我灌頂」

3】　西方阿彌陀禮

Oṃ sarva-tathāgata-pūja-pravartanāya ātmānaṃ niryātayāmi sarvatathāgata vajra-dharma pravartaya māṃ hrīḥ.

Oṃ sarva-tathāgata「一切如來之供養」-pūja-pravartanāya ātmānaṃ「展転這裡我己身奉獻」niryātayāmi sarvatathāgata vajra-dharma pravartaya māṃ hrīḥ「一切如來金剛法為我転法」.

4】 北方不空成就禮

Oṃ sarva-tathāgata-pūja-karmāṇi ātmānaṃ niryātayāmi sarva-tathāgata vajra-karma kuru māṃ aḥ.

Oṃ sarva-tathāgata「一切如來之供養」-pūja-karmāṇi ātmānaṃ「諸種事業我已身奉獻」niryātayāmi sarva-tathāgata vajra-karma kuru māṃ aḥ「一切如來金剛業為我做這事業」.

28 金剛持遍禮

Oṃ vajra viḥ oṃ sarva-tathāgata-kāya-vak-citta-vajra-vandanaṃ karomi.

Oṃ vajra viḥ「金剛持」oṃ sarva-tathāgata-kāya-vak-citta-「一切如來身語意」vajra-vandanaṃ「金剛禮敬」karomi「我」.

29 五悔 30五大願

2 三昧耶戒分

31 四無量觀

1】 慈無量觀

Oṃ mahā-maitrya sphara.

Oṃ mahā-maitrya「大慈」sphara「周遍」.

2】 悲無量觀

Oṃ mahā-kāruṇya sphara.

Oṃ mahā-kāruṇya「大悲」sphara「周遍」.

3】 喜無量観

Oṃ śuddha-pramoda sphara.

Oṃ śuddha-pramoda「清淨歡喜」sphara「周遍」.

4】 捨無量観

Oṃ mahopekṣa sphara.

Oṃ mahopekṣa「大捨」sphara「周遍」.

32 勝願

Oṃ sarva-tathāgata-śaṃsitāḥ sarva-sattvānāṃ sarva-siddhayaḥ sampadyantāṃ tathāgataś ca adhitiṣṭhantāṃ.

Oṃ sarva-tathāgata-śaṃsitāḥ「一切如來稱讚」sarva-sattvānāṃ「一切有情」sarva-siddhayaḥ「一切悉地」sampadyantāṃ「成就」tathāgataś「諸如來」ca adhitiṣṭhantāṃ「加持」.

33 大金剛輪 34金剛橛【地結】 35金剛墻【四方結】

36 金剛眼

Oṃ vajra-dṛṣṭi maṭ.

Oṃ vajra-dṛṣṭi「金剛眼」maṭ.

37 金剛合掌

Oṃ vajrāñjali.

Oṃ vajrāñjali「金剛合掌」.

38 金剛縛

Oṃ vajra-bandha.

Oṃ vajra-bandha「金剛縛」.

39 開心

Oṃ vajra-bandha traṭ.

Oṃ vajra-bandha traṭ「金剛縛」.

40 入智

Oṃ vajrāveśa aḥ.

Oṃ vajrāveśa aḥ「金剛遍入」.

41 合智

Oṃ vajra-muṣṭi baṃ.

Oṃ vajra-muṣṭi baṃ「金剛拳」.

42 普賢三昧耶

43 極喜三昧耶

Samaya hoḥ suratas tvaṃ.

Samaya「本誓」hoḥ suratas「妙適」tvaṃ「汝」.

44 降三世胎藏部參照．

45 蓮華部三昧耶

Oṃ vajra-padma-samayas tvaṃ.

Oṃ vajra-padma「金剛蓮」-samayas「本誓」tvaṃ「汝」.

46 法輪

Hūṃ ṭāki sphoṭaya mahā-virāga-vajraṃ vajra-dhara satyena ṭhaḥ.

Hūṃ ṭāki sphoṭaya「破壞」mahā-virāga-vajraṃ「大離欲」vajra-dhara「金剛持」satyena「真理」ṭhaḥ.

47 大欲

Oṃ surata-vajraṃ jaḥ huṃ baṃ hoḥ samayas tvaṃ.

Oṃ surata-vajraṃ「妙適金剛」jaḥ huṃ baṃ hoḥ samayas「本誓」tvaṃ.

48 大樂不空身

Oṃ mahā-sukha-vajraṃ sādhaya sarva-sattvebhyo jaḥ hūṃ baṃ hoḥ.

Oṃ mahā-sukha-vajraṃ「大樂金剛」sādhaya「成就」sarva-sattvebhyo「一切有情」jaḥ hūṃ baṃ hoḥ.

49 召罪

Oṃ sarva-pāpa-ākarṣaṇa-viśodhana-vajra-sattva-samaya hūṃ phaṭ.

Oṃ sarva-pāpa「一切罪」-ākarṣaṇa「鉤召」-viśodhana「淨除」-vajra-sattva-samaya「金剛薩埵本誓」hūṃ phaṭ.

50 摧罪

Oṃ vajra-pāṇe visphoṭaya sarva-apāya-bandhanāni pramokṣaya sarva-apāyagatibhyaḥ sarva-sattvānāṃ sarva-tathāgata-vajra-samaye hūṃ traṭ.

Oṃ vajra-pāṇe「金剛手」visphoṭaya「摧破」sarva-apāya-「一切惡趣」bandhanāni「諸繫縛」pramokṣaya「解脫」sarva-apāyagatibhyaḥ「一切有情持一切惡趣除去」sarva-sattvānāṃ sarva-tathāgata-vajra-samaye「一切如來金剛本誓」hūṃ traṭ.

51 業障除

Oṃ vajra-karma viśodhaya sarvāvaraṇāni buddha-satyena samaya hūṃ.

Oṃ vajra-karma「金剛業」viśodhaya「淨除」sarvāvaraṇāni「一切障」buddha-satyena「佛陀真理」samaya「本誓」hūṃ.

52 成菩提心

Oṃ candrottare samanta-bhadra kiraṇi mahā-vajriṇi hūṃ.

Oṃ candrottare「月上」samanta-bhadra「普賢」kiraṇi「放光」mahā-vajriṇi「大金剛」hūṃ.

3 成身加持分

53 妙觀察智

Oṃ samādhi-padme hrīḥ.

Oṃ samādhi「三昧」-padme「蓮華」hrīḥ.

54 五相成身觀

1】 通達菩提心

Oṃ citta-prativedhaṃ karomi.

Oṃ citta「心」-prativedhaṃ「通達」karomi「我」.

2】 修菩提心

Oṃ bodhi-cittam utpādayāmi.

Oṃ bodhi「菩提」-cittam「心」utpādayāmi「發起」.

3】 成金剛心

a) 心真言

Oṃ tiṣṭha vajra-padma.

Oṃ tiṣṭha「起」vajra-padma「金剛蓮」.

b) 廣真言

Oṃ sphara vajra.

Oṃ sphara「周遍」vajra「金剛」.

c） 斂真言

Oṃ saṃhara vajra.

Oṃ saṃhara「收斂」vajra「金剛」.

4】 証金剛身

Oṃ vajra-padma-ātmako haṃ.

Oṃ vajra-padma「金剛蓮」-ātmako「我性」haṃ.

5】 佛身円満

Oṃ yathā sarva-tathāgatas tathā ahaṃ.

Oṃ yathā sarva-tathāgatas「一切如來」tathā ahaṃ「如我」.

55 諸佛加持

Oṃ sarva-tathāgata-abhisambodhi-dṛḍha-vajra tiṣṭha.

Oṃ sarva-tathāgata-abhisambodhi「一切如來現等覺」-dṛḍha「堅固」-vajra tiṣṭha「金剛起」.

56 四佛加持

1】 阿閦佛

Oṃ vajra-sattva adhiṣṭhāsva māṃ hūṃ.

Oṃ vajra-sattva「金剛薩埵」adhiṣṭhāsva「加持」māṃ「我」hūṃ.

2】 寶生佛

Oṃ vajra-ratna adhiṣṭhāsva māṃ trāḥ.

Oṃ vajra-ratna「金剛寶」adhiṣṭhāsva「加持」māṃ「我」trāḥ.

3】 無量佛

Oṃ vajra-dharma adhiṣṭhāsva māṃ hrīḥ.

Oṃ vajra-dharma「金剛法」adhiṣṭhāsva「加持」māṃ「我」hrīḥ.

4】 不空成就

Oṃ vajra-karma adhiṣṭhāsva māṃ aḥ.

Oṃ vajra-karma「金剛業」adhiṣṭhāsva「加持」māṃ「我」aḥ.

57 五佛灌頂

1】 遍照尊

Oṃ sarva-tathāgata-aiśvarya-abhiṣeka hūṃ.

Oṃ sarva-tathāgata-aiśvarya「一切如來自在者」-abhiṣeka「灌頂」hūṃ.

2】 阿閦

Oṃ vajra-sattva abhiṣiñca māṃ hūṃ.

Oṃ vajra-sattva「金剛薩埵」abhiṣiñca māṃ「灌頂我」hūṃ.

3】　寶生

Oṃ vajra-ratna abhiṣiñca māṃ trāḥ.

Oṃ vajra-ratna「金剛寶」abhiṣiñca māṃ「灌頂我」trāḥ.

4】　無量壽

Oṃ vajra-padma abhiṣiñca māṃ hrīḥ.

Oṃ vajra-padma「金剛蓮」abhiṣiñca māṃ「灌頂我」hrīḥ.

5】　不空成就

Oṃ vajra-karma abhiṣiñca māṃ aḥ.

Oṃ vajra-karma「金剛業」abhiṣiñca māṃ「灌頂我」aḥ.

58　四佛繫鬘

1】　阿閦

Oṃ vajra-sattva-māla abhiṣiñca māṃ baṃ.

Oṃ vajra-sattva-māla「金剛薩埵繫鬘」abhiṣiñca māṃ「灌頂我」baṃ.

2】　寶生

Oṃ vajra-ratna-māla abhiṣiñca māṃ baṃ.

Oṃ vajra-ratna-māla「金剛寶繫鬘」abhiṣiñca māṃ「灌頂我」baṃ.

3】 無量壽

Oṃ vajra-padma-māla abhiṣiñca māṃ baṃ.

Oṃ vajra-padma-māla「金剛蓮繫鬢」abhiṣiñca māṃ「灌頂我」baṃ.

4】 不空成就

Oṃ vajra-karma-māla abhiṣiñca māṃ baṃ.

Oṃ vajra-karma-māla「金剛業繫鬢」abhiṣiñca māṃ「灌頂我」baṃ.

59 如來甲冑

Oṃ vajra-kavace vajra kuru vajra-vajro'haṃ.

Oṃ vajra-kavace「金剛甲冑」vajra「金剛」kuru vajra-vajro'「余金剛中金剛」haṃ.

60 結冑

Oṃ vajra-tuṣya hoḥ.

Oṃ vajra-tuṣya「金剛歡喜」hoḥ.

61 現智身

Oṃ vajra-sattva aḥ.

Oṃ vajra-sattva「金剛薩埵」aḥ.

62　見智身

Oṃ vajra-sattva-dṛśya.

Oṃ vajra-sattva-dṛśya「金剛薩埵觀見」.

63　四明

Jaḥ hūṃ baṃ hoḥ.

Jaḥ hūṃ baṃ hoḥ「鉤召引入縛住令喜」.

64　成佛

Oṃ samayo 'haṃ mahā-samayo 'haṃ.

Oṃ samayo '「我三昧耶」haṃ mahā-samayo「我大三昧耶」'haṃ.

4　道場莊嚴分

65　器界觀　66曼荼羅總觀　67大虛空藏　68小金剛輪

5　奉請結護分

69　啓請

Yābhyām nivic-chañśac cakra-siddhis yātam ubhe bale vajra-kuṇḍalihetubhyām tabhyām astu sadā namaḥ.

Yābhyām nivic-chañśac「啓請」cakra-siddhis「輪壇成就」yātam「冷酷結束於」ubhe bale「合作力」vajra-kuṇḍali hetubhyām「金剛二軍荼利由來因」tabhyām「對兩使者」astu sadā namaḥ「常歸命」.

70 開門

Oṃ vajra-dvāra-udghāṭāya samaya-praveśāya hūṃ.

Oṃ vajra-dvāra「金剛門戶」-udghāṭāya「打開」samaya-praveśāya「三昧耶薩埵遍入」hūṃ.

71 啓請伽陀

Ayantu sarve bhuvana-eka-sārāḥ praṇamitāḥ śasa-kaṭhora-mārāḥ sākṣātkṛtaananta-bhava-svabhāvāḥ. svayambhuva-ananta-bhava-svabhāvāḥ.

Ayantu「來」sarve「一切」bhuvana-eka-sārāḥ「諸有中之唯一堅實者」praṇamitāḥ「禮敬」śasa-kaṭhora-mārāḥ「折伏諸暴惡魔」sākṣātkṛta「現証」ananta-bhava-svabhāvāḥ「無邊有之自性」. svayambhuva-ananta-bhava-svabhāvāḥ「自然生無邊有自性」.

72 金剛王

Oṃ vajra samaja jaḥ.

Oṃ vajra samaja「金剛集會」jaḥ.

73　百八名讚

〈東〉

1】　金剛薩埵

Vajra-sattva mahā-sattva vajra sarva-tathāgata samanta-bhadra vajrādya vajra-pāṇe namo 'stu te.

Vajra-sattva mahā-sattva vajra sarva-tathāgata samanta-bhadra「金剛薩埵大薩埵金剛一切如來普賢」vajrādya vajra-pāṇe「金剛初金剛手」namo 'stu te「歸命汝」

2】　金剛王

Vajra-rāja subuddhāgrya vajrāṅkuśa tathāgata amogha-rāja vajrāgrya vajrākarṣa namo 'stu te.

Vajra-rāja subuddhāgrya「金剛王妙覺最上」vajrāṅkuśa tathāgata amogha-rāja「金剛鉤如來不空王」vajrāgrya vajrākarṣa「金剛最上金剛召」namo 'stu te「歸命汝」.

3】　金剛愛

Vajra-rāga mahā-saukhya vajra-vāṇa vaśaṃkara māra-kāma mahā-vajra vajra-cāpa namo 'stu te.

Vajra-rāga mahā-saukhya「金剛染大樂」vajra-vāṇa「金剛箭」vaśaṃkara「能伏者」māra-kāma「魔欲」mahā-vajra vajra-cāpa「大金剛金剛弓」namo 'stu te「歸命汝」.

4】 金剛喜

Vajra-sādho suvajrāgrya vajra-tuṣṭe mahā-rate pramodya-rāja vajrāgrya vajra-harṣa namo 'stu te.

Vajra-sādho「金剛善哉」suvajrāgrya「妙金剛勝」vajra-tuṣṭe「金剛歡喜」mahā-rate「大喜悦」pramodya-rāja「歡喜王」vajrāgrya「金剛首」vajra-harṣa「金剛喜躍」namo 'stu te「歸命汝」.

〈南〉

5】 金剛寶

Vajra-ratna suvajrārtha vajrākāśa mahā-maṇe ākāśa-garbha vajrāḍhya vajra-garbha namo 'stu te.

Vajra-ratna suvajrārtha「金剛寶妙金剛利」vajrākāśa「金剛虛空」mahā-maṇe「大寶珠」ākāśa-garbha「虛空藏」vajrāḍhya「金剛富饒」vajra-garbha「金剛藏」namo 'stu te「歸命汝」.

6】 金剛光

Vajra-teja mahā-jvala vajra-sūrya jina-prabha vajra-raśmi mahā-teja vajra-prabha namo 'stu te.

Vajra-teja「金剛威光」mahā-jvala「大炎」vajra-sūrya「金剛日」jina-prabha「佛光」vajra-raśmi「金剛輝」mahā-teja「大威光」vajra-prabha「金剛光」namo 'stu te「歸命汝」.

7】 金剛幢

Vajra-ketu susattvārtha vajra-dhvaja sutoṣaka ratna-keto mahā-vajra vajra-yaṣṭe namo 'stu te.

Vajra-ketu「金剛幢」su-sattvārtha「善利有情」vajra-dhvaja「金剛幡」sutoṣaka「妙歡喜」ratna-keto「寶幢」mahā-vajra vajra-yaṣṭe「大金剛杖」namo 'stu te「歸命汝」.

8】 金剛笑

Vajra-hāsa mahā-hāsa vajra-smita mahāadbhūta prīti-pramodya vajraādya vajra-prīte namo 'stu te.

Vajra-hāsa「金剛笑」mahā-hāsa「大笑」vajra-smita「金剛微笑」mahāadbhūta「大稀有」prīti-pramodya「愛喜」pvajraādya「金剛勝」vajra-prīte「金剛愛」namo 'stu te「歸命汝」.

〈西〉

9】 金剛法

Vajra-dharma su-sattvārtha vajra-padma suśodhaka lokeśvara su-vajrākṣa vajra-netra namo 'stu te.

Vajra-dharma「金剛法」su-sattvārtha「善利有情」vajra-padma「金剛蓮」suśodhaka「妙淨」lokeśvara「世自在」su-vajrākṣa「妙金剛眼」vajra-netra「金剛眼」namo 'stu te「歸命汝」.

10】 金剛利

Vajra-tīkṣṇa mahā-yāna vajra-kośa mahā-yudha mañjuśrīḥ vajragambhīrya vajra-buddhe namo 'stu te.

Vajra-tīkṣṇa「金剛利」mahā-yāna「大乘」vajra-kośa「金剛藏」mahā-yudha「大器仗」mañjuśrīḥ「文殊」vajragambhīrya「金剛深」vajra-buddhe「金剛慧」namo 'stu te「歸命汝」.

11】 金剛因

Vajra-heto mahā-maṇḍa vajra-cakra mahā-naya supravartana vajrottha vajra-maṇḍa namo 'stu te.

Vajra-heto「金剛因」mahā-maṇḍa「大道場」vajra-cakra「金剛輪」mahā-naya「大理趣」supravartana「能転所転」vajrottha「金剛起」vajra-maṇḍa「金剛場」namo 'stu te「歸命汝」.

12】 金剛語

Vajra-bhāṣa suvidyāgrya vajra-jāpa su-siddhi-da avāca-vajra siddhy-agrya vajra-bhāṣa namo 'stu te.

Vajra-bhāṣa「金剛説」suvidyāgrya「妙明最上」vajra-jāpa「金剛念誦」su-siddhi-da「妙悉地授」avāca-vajra「無言金剛」siddhy-agrya「悉地勝」vajra-bhāṣa「金剛語」namo 'stu te「歸命汝」.

〈北〉

13】金剛業

Vajra-karma su-vajra-ājña karma-vajra su-sarva-ga vajrāmogha mahodārya vajra-viśva namo 'stu te.

Vajra-karma「金剛業」su-vajra-ājña「妙金剛教令」karma-vajra「業金剛」su-sarva-ga「妙一切行」vajrāmogha「金剛不空」mahodārya「極廣大」vajra-viśva「金剛巧」namo 'stu te「歸命汝」.

14】金剛護

Vajra-rakṣa mahā-vairya vajra-varma mahā-dṛḍha duryodhana suvīryāgrya vajra-vīrya namo 'stu te.

Vajra-rakṣa「金剛護」mahā-vairya「大勇」vajra-varma「金剛甲」mahā-dṛḍha「大堅固」duryodhana「難敵」su-vīryāgrya「妙精進」vajra-vīrya「金剛勤」namo 'stu te「歸命汝」.

15】金剛牙

Vajra-yakṣa mahopāya vajra-daṉṣṭra mahā-bhaya māra-pramardi vajrogra vajra-caṇḍa namo 'stu te.

Vajra-yakṣa「金剛盡」mahopāya「大方便」vajra-daṉṣṭra「金剛牙」mahā-bhaya「大怖」māra-pramardi「摧魔」vajrogra「金剛峻」vajra-caṇḍa「金剛憤」namo 'stu te「歸命汝」.

16】 金剛拳

Vajra-sandhi susāṃnidhya vajra-bandha pra-mocaka vajra-muṣṭya agra-samaya vajra-muṣṭe namo 'stu te.

Vajra-sandhi「金剛密合」susāṃnidhya「善現驗」vajra-bandha「金剛縛」pra-mocaka「能解放」vajra-muṣṭya「金剛拳」agra-samaya「勝本誓」vajra-muṣṭe「金剛拳」namo 'stu te「歸命汝」.

74 四攝

1】 鉤

Oṃ vajrāṅkuśa jaḥ.

Oṃ vajrāṅkuśa「金剛鉤」jaḥ.

2】 索

Oṃ vajra-pāśa hūṃ.

Oṃ vajra-pāśa「金剛索」hūṃ.

3】 鏁

Oṃ vajra-sphoṭa baṃ.

Oṃ vajra-sphoṭa「金剛摧破」baṃ.

4】 鈴

Oṃ vajra-āveśa aḥ.

Oṃ vajra-āveśa「金剛遍入」aḥ.

75　金剛拍（參照十八道）

76　不動結（界）護（身）【不動明王慈救呪】

Namaḥ samanta-vajrāṇāṃ caṇḍā-mahāroṣaṇa sphoṭaya hūṃ traṭ hāṃ māṃ.

Namaḥ samanta-vajrāṇāṃ「歸命普禮諸金剛」caṇḍā-mahāroṣaṇa「暴惡者大忿怒者」sphoṭayahūṃ「摧破」traṭ hāṃ māṃ.

77　金剛網【虛空網】 78金剛炎【火院】 79大三昧耶（參照十八道）·

6　供養讚嘆分

80　閼伽（沐浴洗足）【百字明】【閼伽真言（參照十八道）】

Oṃ vajra-sattva samayam anu-pālaya vajra-sattvena upaṭiṣṭha dṛdho me bhava sutoṣyo me bhava anurakto me bhava supoṣyo me bhava sarva-siddhiṃ me prayaccha sarva-karmesu ca me citta-śriyaḥ kuru hūṃ ha ha ha ha ho Bhagavan sarva-tathāgata-vajra mā me muñca vajrī bhava mahā-samaya sattva.

Oṃ vajra-sattva「金剛薩埵」samayam anu-pālaya「本誓隨守護」vajra-sattvena「金剛薩埵」upaṭiṣṭha「供侍」dṛdho「堅固性」me bhava「我生」sutoṣyo「妙歡喜」me bhava「我生」anurakto「愛好」me bhava「我生」supoṣyo「增益」me bhava「我生」sarva-siddhiṃ「一切悉地」me prayaccha「我授與」sarva-karmesu「一切事業」ca me citta-śriyaḥ「我心吉祥」kuru「結果」hūṃ ha ha ha ha ho Bhagavan sarva-tathāgata-vajra「世尊一切如來金剛」mā me muñca「我捨離」vajrī bhava「金剛生」mahā-samaya sattva「大本誓薩埵」.

81　蓮華座　82振鈴

83　羯磨會

1】　羯磨 Oṃ vajra-karma「金剛事業」kaṃ.

2】　大日如來 Oṃ vajra-dhāto「金剛界」baṃ.

3】　阿閦如來 Oṃ akṣobhya「阿閦」hūṃ.

4】　寶生如來 Oṃ ratna-sambhava「寶生」trāḥ.

5】　無量壽如來 Oṃ lokeśvara-rāja「世自在王」hrīḥ.

6】　不空成就如來 Oṃ amogha-siddhe「不空成就」aḥ.

〈四波羅蜜〉

7】　金剛波羅蜜 Oṃ sattva-vajri「薩埵金剛妃」hūṃ.

8】　寶波羅蜜 Oṃ ratna-vajri「寶金剛妃」trāḥ.

9】　法波羅蜜 Oṃ dharma-vajri「法金剛妃」hrīḥ.

10】　業波羅蜜 Oṃ karma-vajri「業金剛妃」aḥ.

〈十六尊〉

11】　金剛薩埵 Oṃ vajra-sattva「金剛薩埵」āḥ.

12】 金剛王 Oṃ vajra-rāja「金剛王」jaḥ.

13】 金剛愛 Oṃ vajra-rāga「金剛愛」hoḥ.

14】 金剛喜 Oṃ vajra-sādho「金剛善哉」saḥ.

15】 金剛寶 Oṃ vajra-ratna「金剛寶」oṃ.

16】 金剛光 Oṃ vajra-teja「金剛光」aṃ.

17】 金剛幢 Oṃ vajra-keto「金剛幢」trāṃ.

18】 金剛笑 Oṃ vajra-hāsa「金剛笑」haḥ.

19】 金剛法 Oṃ vajra-dharma「金剛法」hrīḥ.

20】 金剛利 Oṃ vajra-tīkṣṇa「金剛利」dhaṃ.

21】 金剛因 Oṃ vajra-heto「金剛因」maṃ.

22】 金剛語 Oṃ vajra-bhāṣa「金剛語」raṃ.

23】 金剛業 Oṃ vajra-karma「金剛業」kaṃ.

24】 金剛護 Oṃ vajra-rakṣa「金剛護」haṃ.

25】 金剛牙 Oṃ vajra-yakṣa「金剛藥叉」hūṃ.

26】 金剛拳 Oṃ vajra-sandhi金剛密合」baṃ.

〈內四供養〉

27】 金剛嬉 Oṃ vajra-lāsye「金剛嬉女」hoḥ.

28】 金剛鬘 Oṃ vajra-māle「金剛鬘女」traṭ.

29】 金剛歌 Oṃ vajra-gīte「金剛歌女」gīḥ.

30】 金剛舞 Oṃ vajra-nṛtte「「金剛舞女」kṛṭ.

〈外四供養〉

31】 金剛香 Oṃ vajra-dhūpe「金剛焚香女」aḥ.

32】 金剛華 Oṃ vajra-puṣpe「金剛華女」oṃ.

33】 金剛燈 Oṃ vajra-āloke「金剛燈明女」dīḥ.

34】 金剛塗 Oṃ vajra-gandhe「金剛塗香女」gaḥ.

〈四攝〉

35】 金剛鉤 Oṃ vajra-aṅkuśa「金剛鉤」jaḥ.

36】 金剛索 Oṃ vajra-pāśa「金剛索」hūṃ.

37】 金剛鏁 Oṃ vajra-sphoṭa「金剛摧破」baṃ.

38】 金剛鈴 Oṃ vajra-āveśa「金剛遍入」hoḥ.

39】 賢劫の十六大菩薩Hūṃ×16.

40】 二十天Hūṃ×20.

84　三昧耶會

〈五佛〉

1】　大日如來 Vajra-jñāna「金剛智」āḥ.

2】　阿閦佛 Vajra-jñāna「金剛智」hūṃ.

3】　寶生佛 Vajra-jñāna「金剛智」trāḥ.

4】　無量壽佛 Vajra-jñāna「金剛智」hrīḥ.

5】　不空成就佛 Vajra-jñāna「金剛智」aḥ.

〈四波羅蜜〉

6】　金剛波羅蜜 Vajra-śrīḥ「金剛吉祥妃」hūṃ.

7】　寶波羅蜜 Vajra-gaurīḥ「諸金剛黃白色妃」trāḥ.

8】　法波羅蜜 Vajra-tārāḥ「金剛多羅妃」hrīḥ.

9】　業波羅蜜 Kha-vajriṇu「虛空金剛妃」hoḥ.

〈十六尊〉

10】　金剛薩埵 Samayas「三昧耶」tvaṃ.

11】　金剛王 Ānayasva「汝鉤召」.

12】　金剛愛 Aho sukha「奇安樂」.

13】　金剛喜 Sādhu sādhu「善善」.

14】 金剛寶 Su-mahā tvaṃ「汝極富」.

15】 金剛光 Rūpa-dyota「色光明」.

16】 金剛幢 Artha-prāpti「義理獲得」.

17】 金剛笑 Ha ha ha he. 【笑聲】

18】 金剛法 Sarva-kāri「一切作成」.

19】 金剛利 Duḥkha-ccheda「苦斷除」.

20】 金剛因 Buddha-bodhi「覺者覺智」.

21】 金剛語 Pratiśabda「聲應」.

22】 金剛業 Su-vaśi「汝妙自在者」tvaṃ.

23】 金剛護 Nirbhayas「汝無畏者」tvaṃ.

24】 金剛牙 Śatru-bhakṣa「敵噉盡」.

25】 金剛拳 Sarva-siddhi「一切悉地」.

〈八供養〉

26】 金剛嬉 Mahā-rati「大適悅者」.

27】 金剛鬘 Rūpa-śobhe「色端嚴」.

28】 金剛歌 Śrotra-saukhye「耳樂」.

29】 金剛舞 Sarva-pūje「一切供養」.

30】 金剛香 Prahlādini「極潤澤」.

31】 金剛華 Phala-āgami「果生」.

32】 金剛燈 Su-teja-agri「勝上妙威光」.

33】 金剛塗 Su-gandha-aṇgi「妙塗香支分」.

34】 金剛鉤 Āyahi「汝來」jaḥ.

35】 金剛索 Ahi「蛇索」hūṃ hūṃ.

36】 金剛鏁 He sphoṭa「摧破」baṃ.

37】 金剛鈴 Ghaṇṭa「鈴」aḥ aḥ.

85 大供養會

1】 大日如來

Oṃ sarva-tathāgata-vajra-dhātv-anuttara-pūja-spharaṇa-samaye hūṃ.

Oṃ sarva-tathāgata-vajra-dhātv「一切如來金剛界」-anuttara-pūja「無上供養」-spharaṇa-samaye「遍覆本誓」hūṃ.

2】 阿閦佛

Oṃ sarva-tathāgata-vajra-sattva-anuttara-pūja-spharaṇa-samaye hūṃ.

Oṃ sarva-tathāgata-vajra-sattva「一切如來金剛薩埵」-anuttara-pūja「無上供養」-spharaṇa-samaye「遍覆本誓」hūṃ.

3】 寶生佛

Oṃ sarva-tathāgata-vajra-ratna-anuttara-pūja-spharaṇa-samaye hūṃ.

Oṃ sarva-tathāgata-vajra-ratna「一切如來金剛寶」- anuttara-pūja「無上供養」-spharaṇa-samaye「遍覆本誓」hūṃ.

4】 無量壽佛

Oṃ sarva-tathāgata-vajra-dharma-anuttara-pūja-spharaṇa-samaye hūṃ.

Oṃ sarva-tathāgata-vajra-dharma「一切如來金剛法」-anuttara-pūja「無上供養」-spharaṇa-samaye「遍覆本誓」hūṃ.

5】 不空成就佛

Oṃ sarva-tathāgata-vajra-karma-anuttara-pūja-spharaṇa-samaye hūṃ.

Oṃ sarva-tathāgata-vajra-karma「一切如來金剛業」-anuttara-pūja「無上供養」-spharaṇa-samaye「遍覆本誓」hūṃ.

6】 四波羅蜜（用前四佛印明）

〈十六大供養〉

東〉

7】 金剛薩埵

Oṃ sarva-tathāgata-sarva-ātma-niryātana-pūja-spharaṇa-karma-vajri āḥ.

Oṃ sarva-tathāgata-sarva-ātma「一切如來一切己身」-niryātana-pūja「奉獻供養」-spharaṇa-karma-vajri「遍覆事業金剛」āḥ.

8】 金剛王

Oṃ sarva-tathāgata-sarva-ātma-niryātana-pūja-spharaṇa-karma-agri jaḥ.

Oṃ sarva-tathāgata-sarva-ātma「一切如來一切己身」-niryātana-pūja「奉獻供養」-spharaṇa-karma-agri「遍覆事業勝上」jaḥ.

9】 金剛愛

Oṃ sarva-tathāgata-sarva-ātma-niryātana-pūja-spharaṇa-karma-vāṇe hūṃ hoḥ.

Oṃ sarva-tathāgata-sarva-ātma「一切如來一切己身」-niryātana-pūja「奉獻供養」-spharaṇa-karma-vāṇe「遍覆事業箭」hūṃ hoḥ.

10】 金剛喜

Oṃ sarva-tathāgata-sarva-ātma-niryātana-sādhukāra-pūja-spharaṇa-karma-tuṣṭi saḥ.

Oṃ sarva-tathāgata-sarva-ātma「一切如來一切己身」-niryātana-sādhukāra-pūja「奉獻作善哉供養」-spharaṇa-karma-tuṣṭi「遍覆事業歡喜」saḥ.

南〉

11】 金剛寶

Oṃ namaḥ sarva-tathāgata-abhiṣeka-ratnebhyo vajra-maṇi oṃ.

Oṃ namaḥ sarva-tathāgata-abhiṣeka「歸命一切如來灌頂」-ratnebhyo vajra-maṇi「寶金剛寶」oṃ.

12】 金剛光

Oṃ namaḥ sarva-tathāgata-sūryebhyo vajra-tejinī-jvala hiḥ.

Oṃ namaḥ sarva-tathāgata-sūryebhyo「歸命一切如來諸日輪」vajra-tejinī-jvala「金剛光明」hiḥ.

13】 金剛幢

Oṃ namaḥ sarva-tathāgata-āśā-paripūraṇa-cintāmaṇi-dhvaja-agrebhyo vajra-dhvaja-agri trāṃ.

Oṃ namaḥ sarva-tathāgata-āśā「歸命一切如來意樂」-paripūraṇa「円満」-cintāmaṇi「如意」-dhvaja「寶幢」-agrebhyo「勝上」vajra-dhvaja-agri「金剛幢勝上」trāṃ.

14】 金剛笑

Oṃ namaḥ sarva-tathāgata-mahā-prīti-pramodyakarebhyo vajra-hāse haḥ.

Oṃ namaḥ sarva-tathāgata-mahā-prīti「歸命一切如來大愛」-pramodyakarebhyo「歡喜」vajra-hāse「金剛笑」haḥ.

西〉

15】 金剛法

Oṃ sarva-tathāgata-vajra-dharmatā-samādhibhiḥ stunomi mahā-dharmaagri hrīḥ.

Oṃ sarva-tathāgata-vajra-dharmatā「一切如來金剛法性」-samādhibhiḥ stunomi「三摩地我讚嘆」mahā-dharmaagri「大法勝上」hrīḥ.

16】 金剛利

Oṃ sarva-tathāgata-prajñā-pāramitābhiḥ nirhāre stunomi mahā-ghoṣa anu-ge dhaṃ.

Oṃ sarva-tathāgata-prajñā-pāramitābhiḥ「一切如來般若波羅蜜」nirhāre「發生」stunomi「我讚嘆」mahā-ghoṣa anu-ge「大音聲隨行」dhaṃ.

17】 金剛因

Oṃ sarva-tathāgata-cakra-akṣara-parivartana-sarva-sūtrānta-neyayā stunomi sarva-maṇḍale hūṃ.

Oṃ sarva-tathāgata-cakra-akṣara「一切如來輪字」-parivartana「転」-sarva-sūtrānta「一切經」-neyayā「理趣」stunomi「我讚嘆」sarva-maṇḍale「一切曼荼羅」hūṃ.

18】 金剛語

Oṃ sarva-tathāgata-saṃdhābhāṣa-buddha-saṃgītibhir gadaṃ stunomi vajra-vāce caḥ.

Oṃ sarva-tathāgata-saṃdhābhāṣa「一切如來密語」-buddha-saṃgītibhir gadaṃ「佛歌詠頌」stunomi「我讚嘆」vajra-vāce「金剛語」caḥ.

北〉

19】 金剛業

Oṃ sarva-tathāgata-dhūpa-megha-samudra-spharaṇa-pūja-karme kara karaḥ.

Oṃ sarva-tathāgata-dhūpa「一切如來焚香」-megha-samudra「雲海」-spharaṇa-pūja-karme「遍覆供養事業」kara karaḥ.

20】 金剛護

Oṃ sarva-tathāgata-puṣpa-prasara-spharaṇa-pūja-karme kiri kiriḥ.

Oṃ sarva-tathāgata-puṣpa「一切如來華」-prasara「舒遍」-spharaṇa-pūja-karme「遍覆供養事業」kiri kiriḥ.

21】 金剛牙

Oṃ sarva-tathāgata-āloka-jvala-spharaṇa-pūja-karme bhara bharaḥ.

Oṃ sarva-tathāgata-āloka-jvala「一切如來明光」-spharaṇa-pūja-karme「遍覆供養事業」bhara bharaḥ.

22】 金剛拳

Oṃ sarva-tathāgata-gandha-megha-samudra-spharaṇa-pūja-karme kuru kuruḥ.

Oṃ sarva-tathāgata-gandha「一切如來塗香」-megha-samudra「雲海」-spharaṇa-pūja-karme「遍覆供養事業」kuru kuruḥ.

十七雜供養

23】 散華

Oṃ sarva-tathāgata-puṣpa-pūja-megha-samudra-spharaṇa-samaye hūṃ.

Oṃ sarva-tathāgata-puṣpa「一切如來華」-pūja-megha-samudra「供養雲海」-spharaṇa-samaye「遍覆本誓」hūṃ.

24】 燒香

Oṃ sarva-tathāgata-dhūpa-pūja-megha-samudra-spharaṇa-samaye hūṃ.

Oṃ sarva-tathāgata-dhūpa「一切如來燒香」-pūja-megha-samudra「供養雲海」-spharaṇa-samaye「遍覆本誓」hūṃ.

25】 燈明

Oṃ sarva-tathāgata-dīpa-pūja-megha-samudra-spharaṇa-samaye hūṃ.

Oṃ sarva-tathāgata-dīpa「一切如來燈」- pūja-megha-samudra「供養雲海」-spharaṇa-samaye「遍覆本誓」hūṃ.

26】 塗香

Oṃ sarva-tathāgata-gandha-pūja-megha-samudra-spharaṇa-samaye hūṃ.

Oṃ sarva-tathāgata-gandha「一切如來塗香」- pūja-megha-samudra「供養雲海」-spharaṇa-samaye「遍覆本誓」hūṃ.

27】 寶類

Oṃ sarva-tathāgata-bodhy-aṅga-ratna-alaṃkāra- pūja-megha-samudra-spharaṇa-samaye hūṃ.

Oṃ sarva-tathāgata-bodhy-aṅga「一切如來七覺支」-ratna-alaṃkāra「寶莊嚴具」- pūja-megha-samudra「供養雲海」-spharaṇa-samaye「遍覆本誓」hūṃ.

28】 玩具

Oṃ sarva-tathāgata-hāsya-lāsya-krīḍa-rati-saukhya-anuttara- pūja-megha-samudra-spharaṇa-samaye hūṃ.

Oṃ sarva-tathāgata-hāsya「一切如來笑戲」-lāsya-krīḍa-rati-saukhya「遊玩適樂具」-anuttara「無上」- pūja-megha-samudra「供養雲海」-spharaṇa-samaye「遍覆本誓」hūṃ.

29】 寶樹

Oṃ sarva-tathāgata-vajropama-samādhi-bhāvana-āpana-bhojana-vasanapūja-megha-samudra-spharaṇa-samaye hūṃ.

Oṃ sarva-tathāgata-vajropama-samādhi「一切如來金剛喻定」-bhāvana-āpana「修習」-bhojana-vasana「飲食衣服」pūja-megha-samudra「供養雲海」-spharaṇa-samaye「遍覆本誓」hūṃ.

30】 承事

Oṃ sarva-tathāgata-kāya-niryātana-pūja-megha-samudra-spharaṇa-samaye hūṃ.

Oṃ sarva-tathāgata-kāya-niryātana「一切如來自身奉獻」-pūja-megha-samudra「供養雲海」-spharaṇa-samaye「遍覆本誓」hūṃ.

31】 觀法

Oṃ sarva-tathāgata-citta-niryātana-pūja-megha-samudra-spharaṇa-samaye hūṃ.

Oṃ sarva-tathāgata-citta-niryātana「一切如來自心奉獻」-pūja-megha-samudra「供養雲海」-spharaṇa-samaye「遍覆本誓」hūṃ.

32】 佈施

Oṃ sarva-tathāgata-mahā-vajra-udbhava-dāna-pāramitā-pūja-megha-samudra-spharaṇa-samaye hūṃ.

Oṃ sarva-tathāgata-mahā-vajra-udbhava-dāna「一切如來大金剛生施」-pāramitā「波羅蜜」-pūja-megha-samudra「供養雲海」-spharaṇa-samaye「遍覆本誓」hūṃ.

33】 淨戒

Oṃ sarva-tathāgata-anuttara-mahābodhy-āhāraka-śīla-pāramitā-pūja-megha-samudra-spharaṇa-samaye hūṃ.

Oṃ sarva-tathāgata-anuttara-mahābodhy「一切如來無上大菩提」-āhāraka-śīla「得所戒」-pāramitā「波羅蜜」-pūja-megha-samudra「供養雲海」-spharaṇa-samaye「遍覆本誓」hūṃ.

34】 安忍

Oṃ sarva-tathāgata-anuttara-mahā-dharma-avabodha-kṣānti-pāramitā-pūja-megha-samudra-spharaṇa-samaye hūṃ.

Oṃ sarva-tath ā gata-anuttara-mah ā -dharma「一切如來無上大法」-avabodha-kṣ ā nti「覺悟忍辱」-p ā ramit ā 「波羅蜜」-p ū ja-megha-samudra「供養雲海」-spharaṇa-samaye「遍覆本誓」h ū ṃ.

35】 精進

Oṃ sarva-tathāgata-saṃsāra-aparityāga-anuttara-mahā-vīrya-pāramitā-pūja-megha-samudra-spharaṇa-samaye hūṃ.

Oṃ sarva-tathāgata-saṃsāra-aparityāga「一切如來生死不捨」-anuttara-mahā-vīrya「無上大精進」- pāramitā「波羅蜜」-pūja-megha-samudra「供養雲海」-spharaṇa-samaye「遍覆本誓」hūṃ.

36】 禪那

Oṃ sarva-tathāgata-anuttara-mahā-saukhya-vihāra-dhyāna-pāramitā-pūja-megha-samudra-spharaṇa-samaye hūṃ.

Oṃ sarva-tathāgata-anuttara-mahā-saukhya「一切如來無上大樂」-vihāra-dhyāna「靜慮」- pāramitā「波羅蜜」-pūja-megha-samudra「供養雲海」-spharaṇa-samaye「遍覆本誓」hūṃ.

37】 智慧

Oṃ sarva-tathāgata anuttara-kleśa-jñeya-āvaraṇa-vāsanā-vinayana mahāprajña-pāramitā-pūja-megha-samudra spharaṇa-samaye hūṃ.

Oṃ sarva-tathāgata anuttara-kleśa「一切如來無上煩惱」-jñeya -āvaraṇa-vāsanā-「所知障習氣」vinayana「調伏」mahāprajña「大般若」- pāramitā「波羅蜜」-pūja-megha-samudra「供養雲海」-spharaṇa-samaye「遍覆本誓」hūṃ.

38】 解脱

Oṃ sarva-tathāgata-guhya-mahā-pratipatti-pūja-megha-samudra-spharaṇa-samaye hūṃ.

Oṃ sarva-tathāgata-guhya「一切如來秘密」-mahā-pratipatti「大修行」-pūja-megha-samudra「供養雲海」-spharaṇa-samaye「遍覆本誓」hūṃ.

39】 説法

Oṃ sarva-tathāgata-vākya-niryātana-pūja-megha-samudra-spharaṇa-samaye hūṃ.

Oṃ sarva-tathāgata-vākya「一切如來語言」-niryātana「奉獻」-pūja-megha-samudra「供養雲海」-spharaṇa-samaye「遍覆本誓」hūṃ.

86 四印會

1】 金剛薩埵大印

Oṃ hṛdaya-manīṣitāni-sarva-tathāgatānāṃ sidhyantāṃ.

Oṃ hṛdaya-manīṣitāni「心諸樂欲」-sarva-tathāgatānāṃ「一切如來」sidhyantāṃ「悉地成就」.

2】 虛空藏寶印

Sarva-mudrāṃ me priyā bhavatu.

Sarva-mudrāṃ「一切如來印」me priyā「我愛護」bhavatu「那是」.

3】 觀自在法印

Niṣ-prapañca-vāk-siddhir bhavatu sarva-tathāgata-samādhayo me ā jayant ā ṃ.

Niṣ-prapañca-vāk「無戲論語言」-siddhir bhavatu「悉地那是」sarva-tathāgata-samādhayo「一切如來諸三摩地」me ājayantāṃ「我取得」.

4】 虛空庫羯磨印

Avidyāṃ dhāvate me sattvāḥ sarva-tathāgatāṃś ca vidyā-adhigama saṃvarāṃ saṃbhūtāṃ.

Avidyāṃ dhāvate「我彼無明淨除」me sattvāḥ sarva-tathāgatāṃś ca vidyā「諸有情一切如來明」-adhigama saṃvarāṃ saṃbhūtāṃ「証得律儀」.

87 摩尼供養 88事供 89四智讚 90普供養・三力 91禮佛(參照十八道)

7 念誦修習分

92 佛眼

Namo bhagavat-uṣṇīṣa oṃ ru ru sphur-jvala-tiṣṭha-siddha-locane sarvaartha-sādhanīye svāhā.

Namo bhagavat-uṣṇīṣa「歸命世尊肉髻」oṃ ru ru sphur-jvala「閃光明」-tiṣṭha-siddha-locane「住神聖眼」sarvaartha-sādhanīye「一切利益成就」svāhā.

93 本尊羯磨加持 94入我我入觀 95正念誦 96本尊羯磨加持 97字輪觀 98本尊羯磨加持 99佛母加持 100散念誦(參照十八道)·

8 後供方便分

101 八供養印言 102六種事供 103後鈴 104神分祈願 105四智讚 106普供養三力 107禮佛 108廻向 109解界(參照十八道)·

110 解三昧耶Samaya「三昧耶」muḥ「解」.

111 解羯磨拳Karma「羯磨」muḥ「解」.×3

112 發遣(參照胎藏部) 113四佛加持 114五佛灌頂 115四佛繫鬘

116　寶印

Oṃ vajra-ratna abhiṣiñca māṃ sarva-mudra me dṛḍhī-kuru vara-kavacena vaṃ.

Oṃ vajra-ratna abhiṣiñca「金剛寶我灌頂」māṃ sarva-mudra「一切印」me dṛḍhī-kuru「我堅固」vara-kavacena「最勝甲冑」vaṃ.

117　甲冑　118結冑　119舞儀拍掌

120　三部三昧耶　121被甲護身　122普禮(參照十八道)

123　四禮　124出道場　125印佛塔，浴像，讀經等

「護摩行法」真言之解析

約在公元前二千年，阿利安游牧民族由印度西北狹窄小道入侵印度，到達印度河兩岸和五河地帶定居下，阿利安詩人、歌者(最早的印度婆羅門種姓、智者、仙人、祭司)，憑仗著對宇宙驚人的直觀，採用唱誦方式，創造出大量謳歌自然和幻想中有相自然神和無相抽象神的神話形式的詩歌，口耳相傳經過若干世紀後，再纂集成編而成為了《梨俱吠陀》(Rigveda)，意譯是「歌詠吠陀」，是婆羅門教四本《吠陀》聖典之一。

《梨俱吠陀》神話中的諸神，大部份都是印度阿利安族所相信之世界起源之物，如天父地母、太陽神、黎明女神、雷電神、風神、火神，當中也結合了一些印度風土習俗之神祇如五大明王、孔雀明王、大元帥明王(大元帥明王後來成為了正純密教之毘沙門天王)。眾多神祇後來被正純密教吸收演變而攝入密教「曼荼羅」中，諸如五大明王、孔雀明王、毘沙門天王、水天、火天、日天、月天、風天等，這些都是密教「曼荼羅」中具代表性的本尊，而密教之真言，可以說是從《梨俱吠陀》的咒為其雛型。

古印度婆羅門教的宗教儀軌和咒法是不可分的，故在吠陀祭祀中對於咒文及咒法極為偏重。而在奉獻《梨俱吠陀》諸神之明咒中，其內容都是治病、長壽、增益、贖罪、和合、女事、調伏、王事等，無非是達成願望的手段的外道思想，故在諸吠陀祭祀及咒文中，是以「息災」、「增益」與「調伏」等咒文為其主流。這些修法被正純密教所吸收及「純淨化、精神化」來作「入我我入觀」，人修行之就能「即身成佛」。然而《大日經》系統之「息災」、「增益」、「調伏」三種儀軌修法，以及《金剛頂經》系統之「息災」、

「增益」、「調伏」、「敬愛」、「鈎召」五種儀軌修法，跟吠陀祭祀表相雖同，但正純密法修法之目的為「出世間法成就以得成佛(如來內證甚深秘密)」，繼而「世間法亦無不成就」，以資現世解難息災增福，普利眾生。

印度婆羅門在吠陀祭祀中，不只有以供物供養神而已，還有以供物投入火中燒，由火神「阿耆尼(Agni)」作媒介傳達於諸神之燒供法，名為「護摩」。阿耆尼意譯為「火」，是婆羅門教火神的名字。《梨俱吠陀》歌頌火神，説他的火和煙遍充三界，支持三界，為神群中的第一神，是萬神朝拜的對象；火神護持眾生，像母親懷抱孩子一樣；火神應人間信徒的祈禱，率領天上神群搭乘他的神輿一起下凡來接受並享用祭壇上醇美的酥油、仙酒和其他祭品；火神常被善男善女在舉行護摩事火祭祀時所表現出來的虔誠與敬意所感動，親臨祭壇接納享用美味的供品。所以，在婆羅門教信仰中，火神比別的神祇，更加接近人類的生活。

正純密教亦有將此外道之護摩加以「純淨化」、「精神化」成為正純密教特有之「內護摩」法，大意如下：

一、《大日經疏》云：「護摩，是燒義也。由護摩能除諸業。」

二、《尊勝軌》云：「護摩者，此方為火天。火能燒草木卉林，無有餘者。天者，智也。智火能燒一切無明株杌，無不燒盡。遮那大日，即是法身。火天智火，即是應身。己身能住方便，即是化身也。」又云：「護摩是梵語，此翻焚燒。其義云法、應、化三身一體。智火以燒盡煩惱種子之意也。若不解此密意，修行護摩時與世間外道吠陀梵士邪火何異？」

三、《大日經疏》云：「若真言行者但作世諦護摩（不明三身一體者），不解此中密意，則與吠陀火祀豈不相濫耶？」

四、《釋護摩義鈔》云：「護者三毒十過，摩者摩滅生死罪業。」又云：「凡護摩有內外。謂世間外道之邪火，為外護摩。無漏真實智火，為內護摩。今佛所說一切智火真護摩法者，只是為令對治外道事火邪摩摩，知出世無漏真實智火方便也。」

五、《釋護摩義鈔》云：「佛所以作此說者，欲伏諸外道，分別邪正，令彼知有真護摩。」

六、《釋護摩義鈔》云：「今佛自說吠陀原本，而於其中更顯正理真護摩法。此佛吠陀當知為第一秘密之藏，彼聞已生希有心，即生信解也。」又云：「我昔未成覺，無所曉知，略說如上四十四種火法，廣則無量，如彼吠陀典中具明。今成正覺。後說真慧之火十二種法，所謂能成大事，除盡一切垢障之暗而成大事，不同昔日邪道非法之行也。」

七、《金剛頂瑜伽護摩儀軌》云：「（護摩）說多種，略說有五種，……此四種五種六種護摩等各各不同雖有之，總云不出內外二種護摩。此時四種護摩理智平等，差別德相次第也。謂一切諸法不生，寂靜義，是息災也？一切所生，福智二嚴（秘密莊嚴），是增益也。斷盡一切煩惱，是降伏也。六道流轉眾生，召入本覺，是敬愛義也。所詮護摩者，是梵燒義，此方云火天。天，是智義也。此智，即毘盧遮那心內自性智也。而以此自性智，能照一切諸法時，所照無明株杌忽斷盡，塵塵萬法皆悉住本不生至理，無不一毘盧遮那德相分別，是云內護摩法。」

八、《金剛頂瑜伽護摩儀軌》云：「所謂即事而真，故即外護摩成內護摩深旨。若行外護摩人不知內護摩觀心，決不能成悉地。」

九、《瑜祇經疏》云：「或直用內(內護摩)，能得成就。若直用外(外護摩)，不得成就。故作外(外護摩)法，必用內(內護摩)觀。」又云：「阿闍梨，即作內護摩。若淺行人，即作外法，而究竟為內法因。」

十、《瑜祇經疏》云：「所詮護摩法大事，本尊智火，爐壇智火，行者智火，同具照見性，故成此三平等觀智時，無明煩惱皆悉斷盡，無有遺餘，是云護摩法三(三種智火)和三平等源旨也。」

從外相看來，以物投入火中燃燒，似乎同於外道之護摩。然此雖和外道形式相同，但予以正純密教化的護摩之火，即是如來之智火；爐之全體即如來之身；爐口是如來之口。如來之身、口、意，即行者之身、口意，以此三平等觀之實修，而充實正純密教精神之處，即是正純密教護摩特質的發揮。

若再進一步來說，不論供養是否用火為媒介，於正純密教，以事理不二、物心一如為立場故，所捧之一花一香當體即是貫天地之生命體，供養之供具或所供之佛同時也都是全一絕對之物。以心前不立凡境，於佛與佛的交涉關連之雰圍氣中，互相供養，其供養境地為修養體驗，乃是正純密教供養法之旨趣也。

「護摩行法」之次第及其真言之解析如下：

1　鍬之印言

Oṃ nikhana vasudhe svāhā.

Oṃ nikhana「掘穿」vasudhe「地」svāhā

2　加持泥之印言

Oṃ amṛta-udbhava hūṃ phaṭ svāhā.

Oṃ amṛta-udbhava「甘露發生」hūṃ phaṭ svāhā.

3　加持漱口香水

Oṃ varada-vajra dhaṃ.

Oṃ varada-vajra「與願金剛」dhaṃ.

4　請召火天之印言

Oṃ ehyehi mahābhūta deva-ṛṣi-dvija-sattama-agrya hitvā āhutim āhāram asmin sannihito bhava agnaye havya-kavya-vāhanāya svāhā.

Oṃ ehyehi「來來」mahābhūta「大實在者」deva-ṛṣi-dvija「天仙再生族」-sattama-agrya「最勝最上」hitvā āhutim āhāram「納受飲食供物」asmin sannihito bhava agnaye「此所止住火天」havya-kavya-vāhanāya「神之供物祖先之供物運」svāhā.

5　火天之印言

Oṃ agnaye svāhā.

Oṃ agnaye「火天」svāhā.

6　扇火之印言

Oṃ bhūḥ jvala hūṃ.

Oṃ bhūḥ jvala「光明」hūṃ.

7　十二天・七曜・二十八宿之真言

1】 伊舍那天

Namaḥ samanta-buddhānāṃ īśanāya svāhā.

Namaḥ samanta-buddhānāṃ īśanāya「普禮諸佛歸命伊舍那天」svāhā.

2】 帝釋天

Namaḥ samanta-buddhānāṃ indrāya svāhā.

Namaḥ samanta-buddhānāṃ indrāya「普禮諸佛歸命帝釋天」svāhā.

3】 火天

Namaḥ samanta-buddhānāṃ agnaye svāhā.

Namaḥ samanta-buddhānāṃ agnaye「普禮諸佛歸命火天」svāhā.

4】 閻魔天

Namaḥ samanta-buddhānāṃ yamāya svāhā.

Namaḥ samanta-buddhānāṃ yamāya「普禮諸佛歸命閻魔天」svāhā.

5】 羅刹天

Namaḥ samanta-buddhānāṃ nirṛtye svāhā.

Namaḥ samanta-buddhānāṃ nirṛtye「普禮諸佛歸命羅刹天」svāhā.

6】 水天

Namaḥ samanta-buddhānāṃ varuṇāya svāhā.

Namaḥ samanta-buddhānāṃ varuṇāya「普禮諸佛歸命水天」svāhā.

7】 風天

Namaḥ samanta-buddhānāṃ vāyave svāhā.

Namaḥ samanta-buddhānāṃ vāyave「普禮諸佛歸命風天」svāhā.

8】 毘沙門天

Namaḥ samanta-buddhānāṃ vaiśravaṇāya svāhā.

Namaḥ samanta-buddhānāṃ vaiśravaṇāya vāyave「普禮諸佛歸命毘沙門天」svāhā.

9】 梵天

Namaḥ samanta-buddhānāṃ brahmaṇe svāhā.

Namaḥ samanta-buddhānāṃ brahmaṇe「普禮諸佛歸命梵天」svāhā.

10】 地天

Namaḥ samanta-buddhānāṃ pṛthiviye svāhā.

Namaḥ samanta-buddhānāṃ pṛthiviye「普禮諸佛歸命地天」svāhā.

11】 日天

Namaḥ samanta-buddhānāṃ ādityāya svāhā.

Namaḥ samanta-buddhānāṃ ādityāya「普禮諸佛歸命日天」svāhā.

12】 月天

Namaḥ samanta-buddhānāṃ candrāya svāhā.

Namaḥ samanta-buddhānāṃ candrāya「普禮諸佛歸命月天」svāhā.

13】 七曜之真言

Namaḥ samanta-buddhānāṃ graheśvarya-prāpta jyotir-maya svāhā.

Namaḥ samanta-buddhānāṃ「普禮諸佛歸命」graheśvarya-prāpta「曜宿自在得」jyotir-maya「光明成就」svāhā.

14】 二十八宿之真言

Namaḥ samanta-buddhānāṃ nakṣatra-nirnādaniye svāhā.

Namaḥ samanta-buddhānāṃ「普禮諸佛歸命」nakṣatra-nirnādaniye「星宿無聲」svāhā.

附錄一

《即身成佛義》

附錄一：《即身成佛義》

《即身成佛義》八句頌文

弘法大師《即身成佛義》八句頌文如下：

「六大無礙常瑜伽，四種曼荼各不離，
三密加持速疾顯，重重帝網名即身。
法然具足薩般若，心數心王過刹塵，
各具五智無際智，圓鏡力故實覺智。」

六大無礙常瑜伽

「六大」是什麼呢？即是「地、水、火、風、空、識」。以此六大來象徵成佛的自內證體驗思想，是正純密教主要經典《大日經》與《金剛頂經》的中心思想之一。

《大日經》先以「五大」來象徵表現成佛的「一切智智」秘密自內證體驗之境地。《大日經》云：「世尊！譬如虛『空』界離一切分別、無分別、無無分別，如斯一切智智亦離一切分別、無分別、無無分別。世尊！譬如大『地』為一切眾生所依，如斯一切智智亦為天、人、阿修羅之所依。世尊！譬如『火』界燒一切之薪無厭足，如斯一切智智亦燒一切無智之薪無所厭足。世尊！譬如『風』界除一切之塵，如斯一切智智亦除去一切諸煩惱之塵。世尊！假喻『水』界一切眾生依此生歡樂，如斯一切智智亦為諸天，世人利樂。」

以上所開示之五大，只是自由地列舉，其妙趣與順序沒有關係。其重點在於以所謂地、水、火、風、空來說明佛一切智智的根本大義：「以地大為一切萬物所依；水是清涼而去熱惱，賜與一切之歡樂；火燒一切之薪；風除一切塵；空離一切分別，無染無著等。」五大，唯是用來象徵成佛之一切智智的體驗境地而已。

於小乘佛教，所謂「五大」就是指世界上物質原素；第六「識大」則指精神之基本。到了大乘佛教說五大與識大，在於開示色（物質）與心（精神）的一切因緣所生現象，都是「萬法唯識」的，即物質與精神之本性完全同一的。正純密教則不僅這樣去看待六大（「地水火風空」五大再加上「識」大），其經典《大日經》與《金剛頂經》更進一步開示六大不外是象徵成佛證菩提的一切智智之見地及境界，故五大與識大無非都是一切智智之境地也。

弘法大師說：「地水火風等不離心大，心與色言異其性同也。」又說：「諸顯教中以地水火風等為非情，密教說此為如來三昧耶身。」故這正純密教之六大與顯教不同，強調當體即為如來內證之境地（如來三昧耶身）。表現一切智智之三昧耶，是象徵其旨趣而已。

若要探討《即身成佛義》中「六大無礙常瑜伽」之根本淵源，則是在《大日經》卷二中「我覺本不生，出過語言道，諸過得解脫，遠離於因緣，知空等虛空」之偈誦句，而於此中配以六大「種子真言」，以表徵其幽微之意義，其言為：「阿、毘、囉、訶、欠、吽」。

《大日經》之「本不生」即是「阿」字，配以地大；「出過語言道」是離言説，為「毘」字，配以水大；「諸過得解脱」即清淨無垢塵之意，是「囉」字，當於火大；「遠離於因緣」即是因業不可得，為「訶」字，當配風大；「知空等虛空」即是「欠」字，為空大；而最初「我覺」二字，即為「吽」字，當配識大。

又《金剛頂經》亦有同義之經文，以説明覺知萬有之真相，其中自然亦含蘊有六大之意義，即是説「萬有之體性真際，不外乎六大，而此六大即具足了種種的德性業用」。

所以弘法大師就取二經之大義，以六大配當宇宙萬有之體性，並肯定宇宙萬有之體性當體，即為六大。

弘法大師以詮示一切智智內之《大日經》所説偈頌，配於六大時，「我覺」二字配「識大」。弘法大師説：「我覺者，識大也。因位名識，果位名智，智即覺也。」這「我覺」之境地即一切智智、同時此境地即《金剛頂經》所謂「普賢、金剛薩埵之菩提心之當位也」。故即以金剛薩埵之種子字「吽」字為識大之種字。

「瑜伽」，即是相應之意。六大恆是「無礙」而「常」相應一切智智的。故「常瑜伽」三字，足以表現於一切智智的體驗中的「我覺」核心力用。僅此三字其重量實有千鈞之力，顯示六大甚深的如來密意。

「六大無礙常瑜伽」七字，的確是一語揭破世界萬有之「大日如來」本體、與其成立之一切智智「六大無礙」原則，以及其互依關係的綿延力用而無遺。

由此可見，正純密教說此六大之真意義的偈頌云「六大無礙常瑜伽」，並不是說這原素的大種之六大互相無礙涉入這麼膚淺。

因六大外觀雖然涉入，但內在其性各自獨立而相依為如來之藏，故於正純密教之六大觀，即六大各各都具如來體驗之一切智智的境地。譬如其所表現象徵的，地大即是一切智智之地大；水大即是一切智智之水大等等，各各都象徵如來體驗之一切智智境，互相涉入無礙而沒有離反或背反如來一切智智，即常處於調和相應(瑜伽)之境地也。

四種曼荼各不離

前之「六大無礙常瑜伽」是開示世界萬有之「大日如來」本體，而此「四種曼荼各不離」即引伸說一切的現象的。正純密教是由「六大」之無礙與「四曼」之不離來說明即身成佛中所內證之「實相界」與「現象界」各自的內容而盡其理趣。

一切的現象可分類為四種，而稱之謂「四曼」，也就是四種曼荼羅，概略說之則其義如下：

一、 大曼荼羅(大曼)：此是由物之色相而名。言大者，則比喻如人體全身之形態為大，又就身體之色相而言，全體為表五大，故而亦名之為大。

二、 三摩耶曼荼羅(三曼)：三摩耶是梵語，含平等、本誓、除障、警覺四義。要言之，則是取物之形象而名。

三、 法曼荼羅(法曼)：這是由其名稱而名者。

四、 羯摩曼荼羅(羯曼)：羯摩是梵語，有威儀，事業之義，其標幟則取物之作用而名之者。

以上所述表示一一物中皆有四曼。即色相、形象、名稱和作用的表徵。宇宙萬有，人類、星辰、草木等等，無一不是具足此四曼。

若將宇宙法界，渾然視為一體，而將其中含攝之各各存在的森羅萬象，配合上述之四曼時，則芸芸宇宙之現象界，又可劃分為下述的四種類別：

一切國土有情之生物界，即是大曼荼羅。

一切家屋器具等器物界，即是三摩耶曼荼羅。

一切學術教法等技術理論，即為法曼荼羅。

一切活動創造之事業，即是羯摩曼荼羅。

更進一步的，若將此四曼融攝以正純密教之理趣與宗教的意義時，「大曼」即是佛、菩薩之相好身，或指其莊嚴形象之彩畫，而其他三曼則為其各自相應的「本誓、名稱與羯摩」作用之表徵了。

《理趣釋》云：「畫一一菩薩之本形，即成大曼荼羅。」《真言名目》云：「諸尊相好具足之身也。又繪像之佛形五色交錯，故曰大。大者殊勝之義，圓滿之義，即五大之色為大曼荼羅。」四曼中，因大曼荼羅為尊形之表徵，故當總攝其德，涵攝一切萬有之相狀。

三昧耶曼就是指佛、菩薩所持之標幟，如手印、刀劍、金剛杵或蓮花等等。蓋三昧耶即如前所說，有本誓之義。佛、菩薩之手印、刀劍等，則是其各自之本誓決心的內涵，所表露於外部的標示。《理趣釋》說：「若畫本尊聖者所持之標幟，即是三昧耶曼荼羅也。」《秘藏記》亦說：「本尊之執持器杖，即為印契，即表平等之義。此曼荼羅中，攝盡一切器世間之萬物。」

又法曼荼羅，就是指真言、佛、菩薩的名號，乃至於一切三藏十二部經文等等。法即是名稱，透過文字以說明或擬義萬物的理則與實相。《理趣釋》說：「於其本位，畫上種字，即名法曼荼羅。」《東聞記》則稱：「達磨此方名法，涵攝諸佛所證之法性真如妙理，而以文字為其體。」

最後，羯磨曼荼羅就是佛菩薩無量無邊、積極不息的救濟活動以及一切其他所推行的羯摩專業，即是諸佛菩薩之種種事業威儀。

《四曼義》總結如下：「大曼荼羅是相好具足身，三昧耶曼荼羅為標幟記號，法曼荼即是名稱，羯摩曼荼羅就是威儀。」

此四種曼荼羅互涉不離，故《即身成佛義》云：「四種曼荼羅各不離。」四曼中，三昧耶曼荼羅為顯示內心之本誓；法曼荼羅，即現內心之聲，故共通色心二法；但大曼荼羅與羯摩曼荼羅不但是通色心二法，而且包融三昧耶曼荼羅與法曼荼羅。故假使以「總」、「別」分類之，大曼荼羅為總體，當屬佛部，三昧耶曼荼羅屬金剛部，法曼荼羅即歸蓮花部，皆是別德，羯摩曼荼羅即通上三部。

此四種曼荼羅，是不離於佛身與眾生身的，故法曼荼羅，具足其他三曼荼羅。反之亦然，舉一曼而含其他三曼的整體性，絕無分離。

其次，又有甲之四曼與乙之四曼不離之義存在。吾人凡夫之四曼，實圓滿具足佛之四曼，吾人之四曼與諸佛之四曼決非別物，並且不離，互涉互入，活潑任運。

總而言之，正如《即身生佛義》所說：「如是四種曼荼。其數無量，一一之量等同虛空。彼此不離，猶如空光無礙不逆。」

又，善無畏三藏言：「曼荼羅名聚集，今以如來真實功德集在一處，乃至十世界微塵數之差別印，輪圓輻輳，輔翼大日心王。為使一切眾生普門（全一）進趣，故說此名曼荼羅。」以此「大日」的活動來表現三無盡藏莊嚴，就是自然形像之大曼荼羅、三昧耶事相之三昧耶曼荼羅、種字梵文之法曼荼羅與供養事業的羯磨曼荼羅等四種。亦即身、語、意、一如等四種。

以此四種來概括所有曼荼羅，不空三藏云：「以此四種曼荼羅攝盡瑜伽之一切曼荼羅。」云身、云語、云意，都是超越了有限之對立之絕對之物故。說身即一切活動皆是身，說語即一切活動悉是語，說意即一切活動悉皆意。此身語意之三活動，攝各各之一切無餘。無論如何，都是平等無碍的，故云：「如來之種種三業皆第一實際，境至妙極。身等於語，語等於心等。像遍通大海一切處，如同一鹹味。」

此無限絕對之身語意，是三平等之境地的表現，亦即是身形、事象、或種子、或以其一如等之「大曼荼羅」、「三昧耶曼荼羅」、「法曼荼羅」、「羯磨曼荼羅」之四種曼荼羅者，其主眼之處是大日如來的絕對活動故，以此為實相而肯定為限，如大師所宣示：「世間，出世間，所有一切教法均在法曼荼羅。世間，出世間所有一切有情即是大曼荼羅。世間，出世間之所有一切器界即三昧耶曼荼羅。世間，出世間之所有一切事業即羯磨曼荼羅。」四種曼荼羅是大日如來之絕對的活動，以身語意與活動四方面來表現象徵而已。故此等互相交涉關連不可須臾離而成一體，故大師云：「四種曼荼各不離。」更以說明：「如斯之四種曼荼羅，四種智印是其數無量也，一一之量等同虛空，彼不離此，此不離彼，尚且如空與光無碍不逆者也。」

三密加持速疾顯

「三密」者，即「身、口、意」三業之密教化，又稱「三業之密」。此三密之互為加持，大體可歸於「異類加持」和「同類加持」兩種。

首先，正純密教說「異類加持」，則指如來(諸佛菩薩)的三密與眾生的三密，互相加持，即「如來的加持力」與「眾生自己的功德力」合一，再與母體「大日如來的法界力」相應，「三力」成就故，得即身成佛之果。

「口密加持」者，為持誦本尊真言(真理言語)，則無妄念。「口」，一般人以為只是言說，其實不然。《楞伽經》云：「思惟即言說。」故知「口」就是思惟分別，是第六識，又稱「意識」。「口」與真言相應，眾生若能念念是本尊真言，即是《壇經》所云「念念從法身(真理)思量(言說)」。但凡本尊真言無非是一種「智讚」，讚嘆如來法身的悲智力(持誦真言，即智讚)，亦是讚嘆能所詮之教理。「口密加持」，就是眾生轉第六識成「妙觀察智」。

「身密加持」者，為手結本尊密印，以表本尊的本誓，動作自正，則無妄動。「身」泛指「眼耳鼻舌身」，是前五識。「身」與印相應，眾生若能常手結本尊密印，相應本尊本誓，生命活動自然就是本尊的行動。「身密加持」者，就是眾生轉前五識成「成所作智」。

「意密加持」者，悟光上師於《即身成佛觀》說為「心住本尊三摩地」，是為密教法身觀，即離四相，則無妄心。傳統佛教翻譯中，「意」就是第七識，即末那識，又名我執識；「心」就是第八識。「心」與密觀相應，眾生若「心」住本尊三摩地，精誠所至，心力為開，則依「意」所化生之身，便會從以「肉體我」為基本的小我見地中脫離，融入「本尊大我」生命，眾生與本尊真我同化，即身就是「本尊在世間所化生之身」，則如《楞伽經》云：「普入一切佛剎，隨意無礙，意欲至彼，身亦隨至。」「意密加持」者，就是眾生轉第七識成「平等性智」，轉第八識成「大圓鏡智」。

推比「如來」、「眾生」彼此的加持時，即眾生念誦本尊真言(口密)，手結本尊印契(身密)、心住本尊三摩地(意密)，則眾生與本尊之三密即能互為加持，自然三密相應加持而得大悉地。

承前所說，若無妄念（口密），即動作自正（身密），自無妄心（意密）；故知「口密」趨正，「身密」、「意密」皆淨。同樣地，任何一密趨正，餘二密皆淨。故一密加持，皆含其他二密加持，是名「三平等」。三密彼此各自互相加持而交互增進其力用，以至於達到完全圓滿的境界。

恆修三密加持，即名三轉法輪。依是修三密之力及已成之諸佛加被力，自身清淨，自本性曼荼羅海會之諸尊應現，自真我同化成跟曼荼羅海會諸尊無有異相。吾自身中之諸尊涉入已成之諸尊身中為「我入」，已成之諸佛亦涉入於吾自身中佛身是「入我」；心住三摩地，即是「入我我入」之觀智。

若更進一步的將自己的一密、二密、三密來加持他人的一密、二密或三密，由於互相加持的交感作用，自我他人，則同時淨化而達解脫之地。推而廣之，於十方法界一切眾生，則彼此三密互涉互入，精神漸次因上轉下轉的雙迴活動而昇華不已，終究趨於「心、佛、眾生」三者「三平等」的「三三平等」觀之境界。眾生依此三三平等觀，即現身證三身佛果，乃名「加持成佛」。

其次，正純密教說「同類加持」，原指佛佛之間的加持，以增盛涵攝佛佛彼此救濟眾生的活動力。若廣推之，可以看做為如甲之口密與乙之口密的加持，甲因其口密的效用即念誦，激起乙品格精神的昇華，以甲為規範而淨化其心。

正純密教言三密，又分有相三密與無相三密。有相三密為「身口意」三密。《菩提心論》云：「身密者，手結印契而召請聖眾之謂；語密即是密誦真言而文字句了了分明沒有謬誤；意密即住於相應瑜伽圓滿如白淨月的菩提心。」至於無相三密，即如《大日經疏》所說：「由一平等身普現一切威儀，如是威儀無非實印。一平等語普現一切聲音，如是聲音無非真言。一平等心普現一切本尊，如是本尊無非三昧。」故舉手投足，皆成密印；開口發聲，悉是真言；念念所作，自成定慧，此即所謂無相三密。

弘法大師《即身成佛義》云：「若有真言行人觀察此議，手作印契，口誦真言，心住本尊三摩地，由三密之相應加持，即速疾獲得大悉地。」能得顯現不可思議的羯摩作用，歸根結蒂，皆因「三密加持速疾顯」之故。

《新修大正藏•續諸宗部》所收錄之《真言名目》云：「眾生之本覺與諸佛之法流，感應道交，方便相應，即疾速顯眾生身心本有的功德，一念之間，即悟諸法實相，不起於座而成辦諸佛之一切功德事業，是故名曰『三密加持速疾顯』。」故總結來說，「三密加持速疾顯」即是諸佛為開顯眾生本有的功德所施行的方便業用。

重重帝網名即身

第四句之「重重帝網名即身」者，是舉「帝網」為譬喻，以明白「即身」義。

「帝網」者，天帝因陀羅珠網也。經云：「忉利天王帝釋宮殿，張網覆上，懸網飾殿。彼網皆以寶珠作之，每目懸珠，光明赫赫，照燭明朗。珠玉無量，出算數表。網珠玲玲，各現珠影。一珠之中，現諸珠影。珠珠皆爾，互相影現。無所隱覆，了了分明。相貌朗然，此是一重。各各影現珠中，所現一切珠影，亦現諸珠影像形體，此是二重。各各影現，二重所現珠影之中，亦現一切。所懸珠影，乃至如是。天帝所感，宮殿網珠，如是交映，重重影現，隱映互彰，重重無盡。」

宇宙存在之一事一物，不祇是空間的「橫之構造性」互相交涉而已，時間的「縱之構造性」關係也都在一瞬，一刻間，活現於不可須臾分離之全一關係中，故舉「一即一切」為其背景而附屬之，而言一切即非各個孤立，都是不可須臾分離的一體。所謂「一即一切，一切即一」之關係。

同時，貫三世而逐漸發展流動。現在之一瞬，荷負過去之一切，孕育未來之一切；而活現於無限。此一塵一法之中具全宇宙，各個各自建立自己之世界，彼此交涉關聯。

恰如「重重帝網」，各寶珠互相以自己之內容而交映互照無盡。其過去之一切，未來之一切，現在之一切同時具足圓滿無缺，逐次緣起也，此為「事事無礙」。

於三密加持中，吾等以宇宙一切一切為如來法身活動去觀察，將聖凡的「智、情、意」打成一片，才能把握宇宙真相的活現，並去實現理想與神變遊戲行動。

吾等若能於三密加持中，把握了其「全一」之宇宙實相，「當體」為法身佛，自能以一事一物為神聖的東西去侍奉，由其各個立場去充實莊嚴法身佛之內容者，即秘密佛教真言宗之「重重帝網名即身」也。

「重重帝網名即身」中之「即身」，是此句的關鍵，即身心得自在，徹除不自在的自我束縛，靈化精神而清淨，並油然的生起活潑積極救濟的大活動；而所謂圓滿究竟真實之佛，即是此靈化解脱並得大自在之活動者也。故知「即身成佛」者，是已經達到自證或成就的極致，由自修自覺而激發秘密莊嚴以行化他的無際活動。

若進一步説，「即身」又具以下義：

(一)「身」者，佛身也。「即身」者，佛身、即我身、即眾生身也。《密教探玄》云：「以『理』成事，事亦溶融。」又云：「依『理』之事，事無別事也。」故知諸佛菩薩、我、眾生「三密加持」圓融無礙。諸佛融入我身中，即曰「入我」；吾身涉入諸佛法身中，即稱「我入」。入我我入，綿延無盡，重重無量，故諸佛三大阿僧祇劫中所聚的羯磨與功德，悉具我身；又一切眾生本來自性、與我及諸佛的自性，平等了無差別，故名「即身」。

(二) 另「身」者，真言宗又有「四種身」義。「即身」者，是說「四種身」相即相入(同體關係謂之「相即」，相互包含的關係謂之「相入」)。「四種身」者，就是「自性身(又名法性身)」、「受用身(又名報身)」、「變化身(又名應身、化身)」、「等流身(此乃真言宗獨特之身，為佛教其他派別所無者，就是佛九界眷屬主伴圓明的「種種眾生、種種心色，無量度門，隨類普現」之身)」也。

《即身成佛義》云：「如是等身，縱橫重重，如鏡中影像燈光涉入，彼身即是此身，此身即是彼身，佛身即是眾生身，眾生身即佛身，不同而同，不異而異。」

總而言之，「重重帝網」者，喻鏡「像光」互涉互入之「帝網無礙」。無量「像光」互入，以「一入一切，一切入一」故。法界中之「理」是本，「事」是末故，終「攝相歸性」，故「彼身相」即「此身相」，事事相即相入，是「全事相即」，是謂之「一切即一，一即一切」。事事相即相入，以「一中有一切，一切中復有一切」，重重無盡故。「一而無量，無量而一」，而終不亂雜，故曰「重重帝網名即身」。

「重重帝網名即身」之主張，最重要是以「眾生為主、佛為從」的思想體系，認為六道眾生即是佛，其所處之境，即是佛的境界也。迷則「是與非皆非」，悟則「是與非皆是」，以「一而無量，無量而一」故。悟則「凡業即是佛業，除凡業即無佛業」，因為「當相即道，即事而真」也。

由此可見，正純密教之即身成佛義，深奧微妙，非凡情所能蠡測。《大日經疏》云：「密教之即身成佛論，義趣甚深，若因偏差曲解，易陷謬誤，切須諴慎。其即身成佛義之所以難測難知，則恐未來眾生輕視慢法之故。故苟若忽略諮訪善知識，或未能久遠用功，而獲諸佛之三密加持，僅以自己凡情之心，揣摩擬議，或執經文表議而擅自輒取修行，則未有不淪於譭謗此經為非佛説的罪咎者，實宜千萬謹慎也。」

正純密教以「重重帝網名即身」説「即身」的另一目的，亦期望我人能夠認識人類的尊嚴與可貴，以及人生以服務為目的的崇高宗旨創造奮發，由悲觀轉化為樂觀，守望相助，以增進社會人群的福利，發揚中華民族的文化，使人間淨化而幸福。

法然具足薩般若

第五句之「法然具足薩般若」者，讚嘆「成佛」也。

承前所説，「即身成佛」中有四門。一者、「六大無礙常瑜伽」，以顯「體」門。二者、「四種曼荼各不離」，以示「相」門。三者、「三密加持速疾顯」，以影「用」門，四者「重重帝網名即身」，以章顯「重重無礙」門。

《即身成佛義》八句頌餘下四句，是稱讚「成佛」門。一者、「法然具足薩般若」是「本覺成佛」門。二者、「心數心王過刹塵」是「王所無數」門。三者、「各具五智無際智」是「五智輪圓」門。四者、「圓鏡力故實覺智」是「實覺所由」門。

佛陀就是「覺者」，凡覺悟的人都稱為「佛陀」。從人類歷史看，在印度出生的釋尊就是最初的佛陀。是什麼至令釋尊覺悟成為佛陀呢？並非是「三十二大人相、八十種隨形好」具足的色身使然，而是把握並自證了貫天地的妙絕之「法（法身）」所致。契經有云：「自覺此『法（法身）』，成等正覺」或言：「不可以色身作佛觀，當以『法（法身）』觀之。」

就是這「法」令釋尊成等正覺，這「法」就是佛陀之本質，或云「法身」、「法界」、「法然」。色身有變異的時候，法身或法界是絕不變異的，故契經云「如來出世或不出世，法界常住」，《即身成佛義》則云「法然具足」。

令釋尊成等正覺且照育一切、活現一切的「法」，它是貫三世而常住的，同時也是所有一切物生成的基礎。能體證而把握此法，才是真正的「覺」，亦才能成為佛陀。

所謂法身、法界、法然，就是指一切萬物當體的活現之根源，這就是「真我」的底蘊，悟光上師喻之為佛陀之「聖體」。這佛陀聖體的「體性（法界體性）」，是以一切萬物為自己之內容，而予以活現。這能夠活現一切但又超越一切的「聖體」，是人本具莊嚴不可思議的本性。秘密佛教將此佛陀聖體稱為「大毘盧遮那」、「大日如來」、「遍照金剛」，或名「常住三世淨妙法身大毘盧遮那如來」。

大日如來是貫天地一切事物的本體，故一切萬物法爾自然地具足功德莊嚴。祂呈現一切相，遍滿虛空，故佛觀一切萬物為自心功德相的內容，為說明此義，弘法大師說：「以法界為體，以虛空為佛心。」又說：「身遍剎塵，心等太虛。」把握此法，自心安住於實相，名「實相般若」。這就是「法然具足薩般若」之成佛大義。

自證貫三世而常恆之大日如來聖體，以所有一切為自己身心功德相之內容，時時刻刻化為「永遠」地活現著，對所有物都予以發揮至上的「價值」，成為「聖愛」當體的體現者，在永恆的無限時空中為育成一切功德、莊嚴一切，不斷地自由「創造」著，就是「成佛」。換句話來說，所謂成佛，就是把握這大日如來當體且體得之，以此身個體為基點而將這法然具足之道具體展現，不斷地將「永遠」、「價值」、「聖愛」、「創造」等四世界融為「一如(一體)」而活現之道。這更是每位真言者所給予自己的使命或任務。

所有一切事物無一不具此佛陀聖體，且皆被其靈光所照所育，這聖體是與「理」具存於事事物物中的，所以秘密佛教所謂「理具之佛」，即指此也。

事事物物皆具有佛陀聖體，而這絕非只是道理上的抽象東西。祂是實在常恆活潑地照育一切、活現一切的靈體，貫天地而互相感應道交的靈體佛格。由此，才可以理解密教所謂「加持之佛」。

弘法大師說：「佛日之影現於眾生心水曰加，行者之心水能感佛日名持。」因佛陀聖體所放射的靈光，不斷地加被光照各個眾生，而眾生若能任持把握此當體，便能顯現了感應道交之可思議境界。以這加持感應之不可思議境的體驗修養為背景，而更進入「佛行」之塵剎世界中。而後以此行者之個體為基點，廣為社會民眾的一切服務，進而更為自己內容的一切萬物之充實與莊嚴去行動，去做佛的工作，以此身去體得佛陀聖體之妙用，時時刻刻活現於永遠。以所有一切為資糧去發揮至上之價值；以聖愛的體現者之立場，去教化一切；不拘任何形式與事物，自由不斷地去創造，來莊嚴世界，亦即是「有限活現於無限」的人，此無限人又名「金剛薩埵」或「顯得之佛」。

心數心王過剎塵

第六句之「心數心王過剎塵」者，是「王所無數」門。「心王」又稱是自性；「心數」又稱心數法、心所、心所有法。「心所」是自性所成，亦即為六大無礙體性之「心王」的內容。故《金剛頂經》云：「諸法本不生，自性離言説，清淨無垢染，因業等虛空。」《大日經》亦云：「我覺本不生，出過語言道，諸過得解脱，遠離於因緣，知空等虛空。」説明了諸法（心所）之六大無礙體性（心王）真相。以一切之心所（一切剎塵之諸法）其數無量，攝於「純一圓滿清淨白」之心王一識，是名「一切一心識」、「一一心識」、或「心數心王過剎塵」。

弘法大師於《十住心論》曰：「心王自在，而得本性之水；心數之客塵，息動濁之波。」又説：「至悟心性之不生，知境（心所）智（心王）之不異。」這作為秘密佛教真言宗「一一心識」不共之至理。

若進一步説，心數心王，具有三重義：

一、「大日是心王，餘尊即心數」，此説通金、胎兩部。謂金剛界七十三尊，毘盧遮那是心王，餘七十二尊是心數也。七十三尊者，五智四度十六菩薩，四攝八供賢劫十六尊，又外護二十天也。於胎藏界會之五百尊，毘盧遮那是心王，餘是心數也。

二、「五佛是心王，餘尊是心數也」，此約金剛界，亦通胎藏界。五佛即五智，五智同心王也。眾生理具五智五門，是胎藏界之五佛；顯得成佛之五智五門，即金剛界之五佛。十門一處並列者，是眾生、佛平等，是金胎兩部一心之意也。若以金剛杵作喻，則胎藏界初五門是下之五鈷，金剛界後五門是上之五峰，故弘法大師於《金剛杵論》云：「五鈷表五智如來，如來是理胎藏，佛是智金剛，其鈷上下一體，其數同，表佛身與眾生身一體平等也。中鈷表大日法界體性智，四邊四鈷表四佛四智也。」

三、胎藏界曼荼羅「中台八葉之九尊為心王，曼荼羅之聖眾悉是心數也」。轉九識成五智故，五智同心王也。《秘藏記》云：「以中台心王之尊，攝一切心王，是謂一識。以八葉尊，攝一切心王，是為八識，以八葉及中台，攝一切心王是謂九識。」中台八葉之九尊，包括：大日如來（中）；普賢（東南），文殊（西南），觀音（西北），彌勒（東北）之四菩薩分處於四隅；四方之四佛，開示大日如來四智之德。中台八葉之九尊，象徵「轉九識成五智」，是眾生本具的佛性故。

《秘藏記》又云：「以上之九識，其餘十佛剎塵數之一切心，主攝一識，是為十識，是名一一心識。」故說九識是心王，多一心是心數，為十識，又名「一一心識」。「一一心識」者，是以一切之心數攝於心王之一識，故云「一切一心識」。是則今之多，一心識也。進一步說，心數之諸尊，其體別故云多，然而皆大日所變，以基因德性無量無邊是法爾本然，故云一識。

以上舉胎藏界曼荼羅之「心王攝心數」，今再舉金剛界曼荼羅之「心數歸心王」大義。「心數歸心王」者，心王是心數選出之一尊也。如金界曼荼羅，以大日為心王，其他三十六尊為心數。若以金剛薩埵為主，即金剛薩埵坐中央，大日移來坐金薩之原位，其他各尊皆如此。

凡夫迷此故自戮其生，若能體悟「心數心王」之大義，證入此如來之體性，即自「轉九識成五智」。

六道之苦樂，乃依其心而變現諸境。心是主體，意是我執(又名自我意識)、意識是思惟分別，前五識是覺受，皆是心之變相。心，由宿業之蘊而引起本有基因為主，其外之基因為伴，故云「心數心王過剎塵」。心數，亦是心王之六大體性的內容。眾生各有其維生、保護的審判功能，維生是理德，保護是智德，為維生而保護之不被傷害，乃食性自由，為生命趣向，此為欲。

欲除上述外還有真善美之欲，凡夫迷於現象生活之欲，就變成自私之欲，自私就是排他思想的利己主義，不知吾人萬物是法身佛的理智之德所化，都是法性內之同胞，而局限於自我範圍，如一個人身而言，甲是右足，乙是左足，人體之運奔是互相合作的，五臟六腑，或五根九竅神經血脈，皆是普門之一門一德，社會國家亦復如是，乃是緣起之互相合作生活。

「心數心王」是永恆之生命，亦是大日之理智不二之體。吾人證入法身，即可成大日等流身的萬物；由修習真言密法而迷執諸惑障脫除，即五蘊皆空，其境界之證量為報身佛，乘願再來度生而入人間亦無畏；由其悟境之證量，即成永恆之生命，宇宙即我，我即宇宙，心如太虛，德遍法界。是智不是蘊故，不被惑業所引，隨業輪迴。隨業轉生在凡夫邊看，即是輪迴，依佛邊看，即如水泡虛出沒；如不知水性的人，入水即成苦海，知水性的人，入水即成泳池。苦如火，曰三界火坑，樂故火坑化做白蓮池。無苦無樂曰極樂，智之境界是無苦無樂的，本來寂滅相，不生不滅相，本不生相，本不生，即永恆的生。

各具五智無際智，圓鏡力故實覺智

第七句之「各具五智無際智」者，是「五智輪圓」門。第八句之「圓鏡力故實覺智」者，是「實覺所由」門

「各具五智」平等者，是「一一心王心數」各各有五智。「無際智」者，是「高廣無數」之義。

「圓鏡力故」者，是如來「圓明心鏡」高懸法界頂，寂照一切不倒不謬。此乃「一切諸佛得覺智名」之因（實覺所由），是「實覺智」之義。

「各具五智」等者，一切諸佛菩薩一一本尊等，其心王心數各各有五智義也。

謂：大日如來為法界體性智，阿閦佛、寶生佛、阿彌陀佛、不空成就佛等四佛為四智，是心王五智。

又，阿閦佛為法界智時，金剛薩埵、金剛王、金剛喜、金剛愛等四金剛菩薩為四智，是阿閦佛心王心數之五智也。

又，金剛薩埵為法界智時，金剛欲、金剛觸、金剛愛、金剛慢等為四智，即金剛薩埵心王心數之五智也。

餘之寶生佛、不空成就佛等，亦通五數。

如此類推，乃至金剛界、胎藏界中，一一本尊等心王心數，亦各各具五智。

再者，眾生之心王心所，既是大日如來之智德故，自有本尊三密相應之能，若能返璞歸真，入真言門，密識奧義(「如實覺知自心本有之秘密莊嚴藏，見眾生究竟是佛也」)，眾生之煩惱當下即成菩提，眾生度盡即證菩提也。

如是五智各具五智，豎橫重重無量無數，故云「高廣無數」(高即豎，廣則橫義)，亦即「五智輪圓」之義也。

「圓鏡力故實覺智」者，此即開示「實覺所由」。一切諸佛因何得覺智名？有如一切色像悉現高台明鏡之中，如來心鏡亦復如是，圓明心鏡高懸法界頂，寂照一切不倒不謬。如是圓鏡何佛不有？故曰「圓鏡力故實覺智」。

何謂「圓鏡力」？大日心王大圓也。象徵法界體性智攝餘之四智，以「五智中此智最頂，如圓明心鏡」故。「大日心王大圓」者，又有如一中無際之「大空」，攝四邊無限「別空」。

真言行者真語為門，於心鏡上宿「法界智全一(行者四智融會為一，法界體性智周全)」的真我之姿，真佛當體，就能發揮其無限全一的一切力，以真我的全一佛，去活現一切了。

進一步來説，此智有「如理」、「如量」兩義，如「心月輪」之清涼寂靜、光明遍照之二用也。所謂「如理」者，是冥寂一切本有之真理而不顛倒；所謂「如量」，則是後得覺照一切事物圓明而不迷謬也。如理如量，顯現證得如是本有圓明心月者，是顯得即身成佛，故亦名為實覺者也。

《即身成佛義》八句偈、終

玄覺新註
於香港大學
壬寅年乙巳月

附錄二

悟光大阿闍梨略傳

附錄二 悟光大阿闍梨略傳

悟光上師又號全妙大師，俗姓鄭，台灣省高雄縣人，生於一九一八年十二月五日。生有異稟：臍帶纏頂如懸念珠；降誕不久即能促膝盤坐若入定狀，其與佛有緣，實慧根夙備者也。

師生於虔敬信仰之家庭。幼學時即聰慧過人，並精於美術工藝。及長，因學宮廟建築設計，繼而鑽研丹道經籍，飽覽道書經典數百卷；又習道家煉丹辟穀、養生靜坐之功。其後，遍歷各地，訪師問道，隨船遠至內地、南洋諸邦，行腳所次，雖習得仙宗秘術，然深覺不足以普化濟世，遂由道皈入佛門。

師初於一九五三年二月，剃度皈依，改習禪學，師力慕高遠，志切宏博，雖閱藏數載，遍訪禪師，尤以為未足。

其後專習藏密，閉關修持於大智山（高雄縣六龜鄉），持咒精進不已，澈悟金剛密教真言，感應良多，嘗感悟得飛蝶應集，瀰空蔽日。深體世事擾攘不安，災禍迭增無已，密教普化救世之時機將屆，遂發心廣宏佛法，以救度眾生。

師於閉關靜閱大正藏密教部之時，知有絕傳於中國（指唐武宗之滅佛）之真言宗，已流佈日本達千餘年，外人多不得傳。（因日人將之視若國寶珍秘，自詡歷來遭逢多次兵禍劫難，仍得屹立富強於世，端賴此法，故絕不輕傳外人）。期間台灣頗多高士欲赴日習法，國外亦有慕道趨求者，皆不得其門或未獲其奧而中輟。師愧感國人未能得道傳法利國福民，而使此久已垂絕之珍秘密法流落異域，殊覺歎惋，故發心親往日本求法，欲得其傳承血脈而歸，遂於一九七一年六月東渡扶桑，逕往真言宗總本山 ——高野山金剛峰寺。

此山自古即為女禁之地，直至明治維新時始行解禁，然該宗在日本尚屬貴族佛教，非該寺師傳弟子，概不經傳。故師上山求法多次，悉被拒於門外，然師誓願堅定，不得傳承，決不卻步，在此期間，備嘗艱苦，依然修持不輟，時現其琉璃身，受該寺黑目大師之讚賞，並由其協助，始得入寺作旁聽生，因師植基深厚，未幾即准為正式弟子，入於本山門主中院流五十三世傳法宣雄和尚門下。學法期間，修習極其嚴厲，嘗於零下二十度之酷寒，一日修持達十八小時之久。不出一年，修畢一切儀軌，得授「傳法大阿闍梨灌頂」，遂為五十四世傳法人。綜計歷世以來，得此灌頂之外國僧人者，唯師一人矣。

師於一九七二年回台後，遂廣弘佛法，於台南、高雄等地設立道場，傳法佈教，頗收勸善濟世，教化人心之功效。師初習丹道養生，繼修佛門大乘禪密與金剛藏密，今又融入真言東密精髓，益見其佛養之深奧，獨幟一方。一九七八年，因師弘法有功，由大本山金剛峰寺之薦，經日本國家宗教議員大會決議通過，加贈「大僧都」一職，時於台南市舉行布達式，參與人士有各界地方首長，教界耆老，弟子等百餘人，儀式莊嚴崇隆，大眾傳播均相報導。又於一九八三年，再加贈「小僧正」，並賜披紫色衣。

師之為人平易近人，端方可敬，弘法救度，不遺餘力，教法大有興盛之勢。為千秋萬世億兆同胞之福祉，暨匡正世道人心免於危亡之劫難，於高雄縣內門鄉永興村興建真言宗大本山根本道場，作為弘法基地及觀光聖地。師於開山期間，為弘法利生亦奔走各地，先後又於台北、香港二地分別設立了「光明王寺台北分院」、「光明王寺香港分院」。師自東瀛得法以來，重興密法、創設道場、設立規矩、著書立說、教育弟子等無不兼備。

師之承法直系真言宗中院流五十四世傳法。著有《上帝的選舉》、《禪的講話》等廿多部作品行世。佛教真言宗失傳於中國一千餘年後，大法重返吾國，此功此德，師之力也。

附錄三

《一真法句淺說》

悟光上師《證道歌》

附錄三：悟光上師《一真法句淺說》手稿

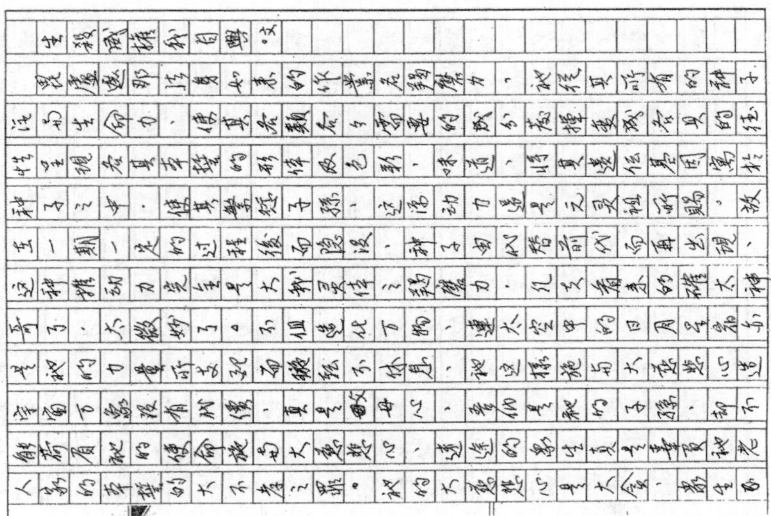

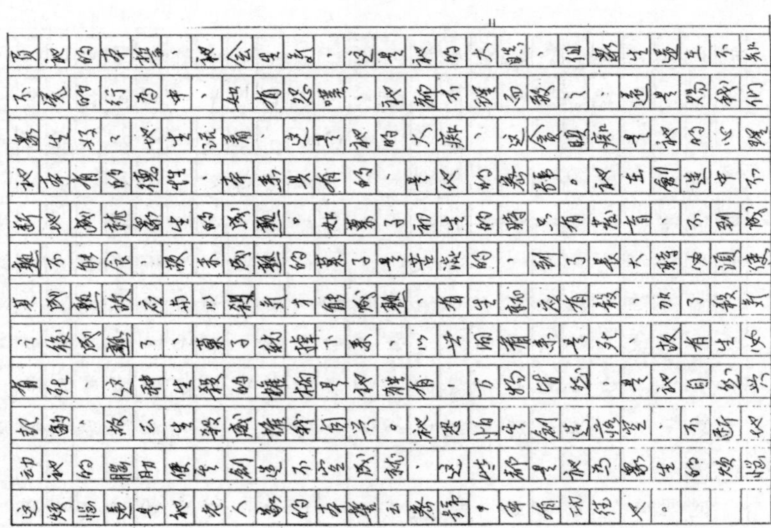

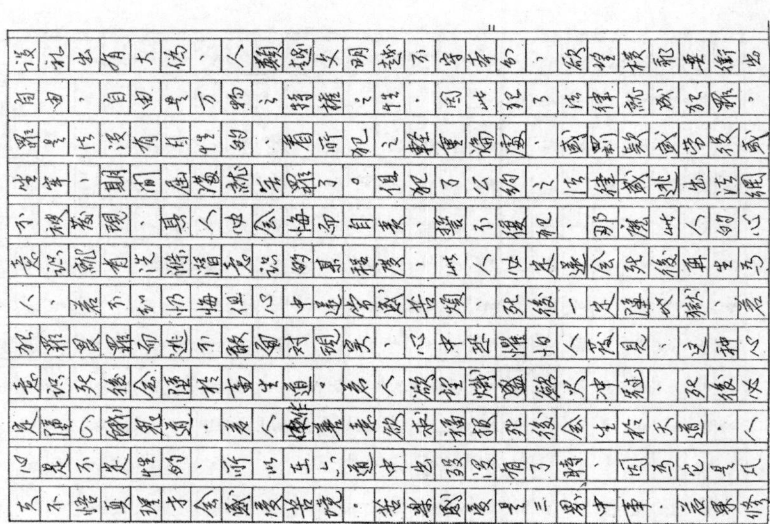

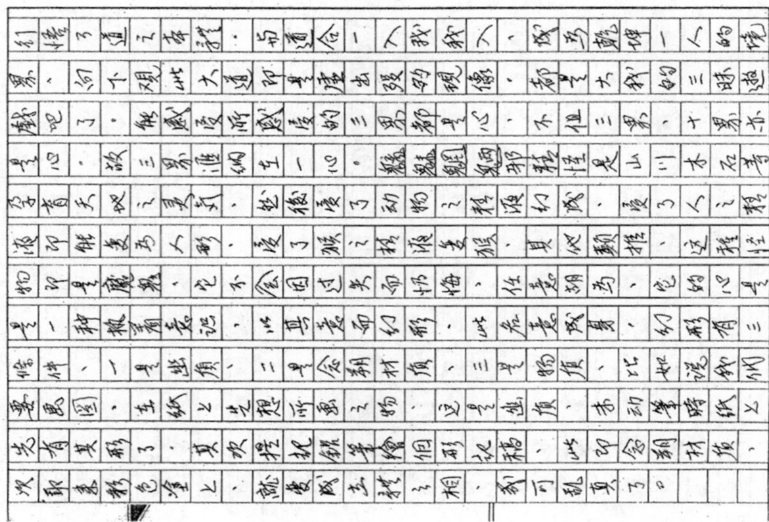

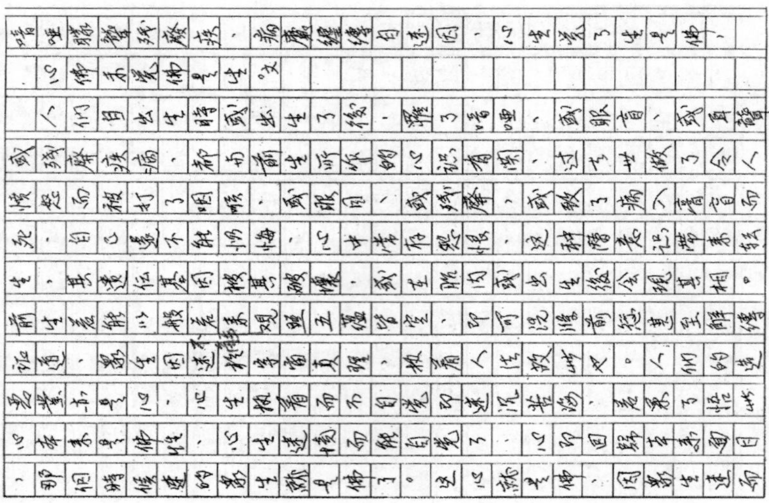

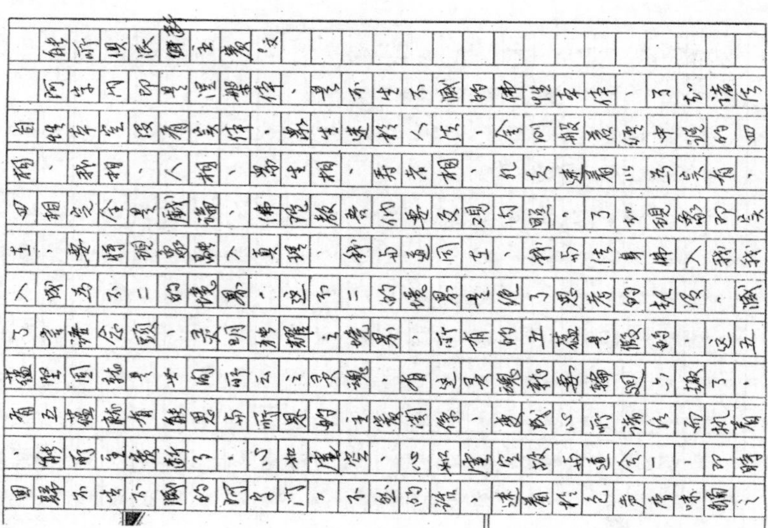

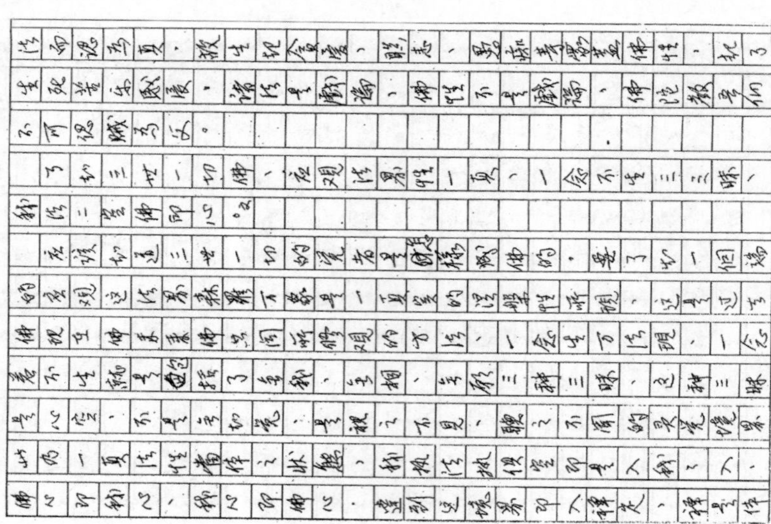

此心印佛心、要度天或鬼神就變化同其趣。如天要降雨露的話法界影生就變天龍、要守護法界影生就變八部神將、都是大日如來心所所流出的。祂的神通變化是莫測的，不但能度的菩薩金剛、連鬼神之類亦是毘盧遮那普門之一德、普門之多的總和即總持，入了總持即普門之德具備、這總持即是心。

無限色聲我容相、文賢加持重重身，融我法句認諦理、一轉彈指立歸真。（文）

心是宇宙心，心色大虛，大虛之中有無量基因德性，無量基因德性即普門，色即現前之法、聲即法相之語、語即道之本体、有其聲必有其物、有其物即有其色相、無限的基因德性、顯現無限不同法相、能認識之本体即佛性智德

、顯現法相之理即理德、智德曰文殊、理德曰普賢，法界之森羅萬象即此理智冥加之法，無量無邊之理德及無量無邊之智德、無論一草一木都是此妙諦重重冥加的總和、不是基因德性之不同、顯現之物或法都是各各完成其任務之相，若不如是萬物即呈現清一色、一味、一相、都沒有各之使命標幟了。這無限無量的基因德性曰功德、這功德都藏於一心之如來藏中，凡夫不知故認後天收入的塵法為真、將其當假合體，感為而執取認，自此沉迷三界苦海了。人們若果醒了這道理而覺悟，即不執于虛妄地成佛了。

《一真法句淺說》悟光上師《證道歌》

【全文】

嗡乃曠劫獨稱真，六大毘盧即我身，

時窮三際壽無量，體合乾坤唯一人。

虛空法界我獨步，森羅萬象造化根，

宇宙性命元靈祖，光被十方無故新。

隱顯莫測神最妙，璇轉日月貫古今，

貪瞋煩惱我密號，生殺威權我自興。

六道輪回戲三昧，三界匯納在一心，

魑魅魍魎邪精怪，妄為執著意生身。

喑啞蒙聾殘廢疾，病魔纏縛自迷因，

心生覺了生是佛，心佛未覺佛是生。

罪福本空無自性，原來性空無所憑，

我道一覺超生死，慧光朗照病除根。

阿字門中本不生，吽開不二絕思陳，

五蘊非真業非有，能所俱泯斷主賓。

了知三世一切佛，應觀法界性一真，

一念不生三三昧，我法二空佛印心。

菩薩金剛我眷屬，三緣無住起悲心，

天龍八部隨心所，神通變化攝鬼神。

無限色聲我實相，文賢加持重重身，

聽我法句認諦理，一轉彈指立歸真。

【釋義】

嗡乃曠劫獨稱真，六大毘盧即我身，時窮三際壽無量，體合乾坤唯一人。

嗡又作唵，音讀嗡，嗡即皈命句，即是皈依命根大日如來的法報化三身之意，法身是體，報身是相，化身是用，法身的體是無形之體性，報身之相是無形之相，即功能或云功德聚，化身即體性中之功德所顯現之現象，現象是體性功德所現，其源即是法界體性，這體性亦名如來德性、佛性，如來即理體，佛即精神，理體之德用即精神，精神即智，根本理智是一綜合體，有體必有用。現象萬物是法界體性所幻出，所以現象即實在，當相即道。宇宙萬象無一能越此，此法性自曠劫以來獨一無二的真實，故云曠劫獨稱真。此體性的一中有六種不同的性質，有堅固性即地，地並非一味，其中還有無量無邊屬堅固性的原子，綜合其堅固性假名為地，是遍法界無所不至的，故云地大。其次屬於濕性的無量無邊德性名水大，屬於煖性的無量無邊德性名火大，屬於動性的無量無邊德性曰風大，屬於容納無礙性的曰空大。森羅萬象，一草一木，無論動物植物礦物完全具足此六大。此六大之總和相涉無礙的德性遍滿法界，名摩訶毘盧遮那，即是好像日光遍照宇宙一樣，翻謂大日如來。吾們的身體精神都是祂幻化出來，故云六大毘盧即我身，這毘盧即是道，道即是創造萬物的原理，當然萬物即是道體。道體是無始無終之靈體，沒有時間空間之分界，是沒有過去現在未來，沒有東西南北，故云時窮三際的無量壽命者，因祂是整個宇宙為身，一切萬物的新陳代謝為命，永遠在創造為祂的事業，祂是孤單的不死人，祂以無量時空為身，沒有與第二者同居，是個絕對孤單的老人，故曰體合乾坤唯一人。

虛空法界我獨步，森羅萬象造化根，宇宙性命元靈祖，光被十方無故新。

祂在這無量無邊的虛空中自由活動，我是祂的大我法身位，祂容有無量無邊的六大體性，祂有無量無邊的心王心所，祂有無量無邊的萬象種子，祂以蒔種，以各不同的種子與以滋潤，普照光明，使其現象所濃縮之種性與以展現成為不同的萬物，用祂擁有的六大為其物體，用祂擁有的睿智精神(生其物)令各不同的萬物自由生活，是祂的大慈大悲之力，祂是萬象的造化之根源，是宇宙性命的大元靈之祖，萬物生從何來？即從此來，死從何去？死即歸於彼處，祂的本身是光，萬物依此光而有，但此光是窮三際的無量壽光，這光常住而遍照十方，沒有新舊的差別。凡夫因執於時方，故有過去現在未來的三際，有東西南北上下的十方觀念，吾人若住於虛空中，即三際十方都沒有了。物質在新陳代謝中凡夫看來有新舊交替，這好像機械的水箱依其循環，進入來為新，排出去為舊，根本其水都沒有新舊可言。依代謝而有時空，有時空而有壽命長短的觀念，人們因有人法之執，故不能窺其全體，故迷於現象而常沉苦海無有出期。

隱顯莫測神最妙，璇轉日月貫古今，貪瞋煩惱我密號，生殺威權我自興。

毘盧遮那法身如來的作業名羯磨力，祂從其所有的種子注予生命力，使其各類各各需要的成分發揮變成各具的德性呈現各其本誓的形體及色彩、味道，將其遺傳基因寓於種子之中，使其繁愆子孫，這源動力還是元靈祖所賜。故在一期一定的過程後而隱沒，種子由代替前代而再出現，這種推動力完全是大我靈體之羯磨力，凡夫看來的確太神奇了、太微妙了。不但造化萬物，連太空中的日月星宿亦是祂的力量所支配而璿轉不休息，祂這樣施與大慈悲心造宇宙萬象沒有代價，真是父母心，吾們是祂的子孫，卻不能荷負祂的使命施與大慈悲心，迷途的眾生真是辜負祂老人家的本誓的大不孝之罪。祂的大慈悲心是大貪，眾生負祂的本誓，祂會生氣，這是祂的大瞋，但眾生還在不知不覺的行為中，如有怨嘆，祂都不理而致之，還是賜我們眾生好好地生活著，這是祂的大癡，這貪瞋癡是祂的心理、祂本有的德性，本來具有的、是祂的密號。祂在創造中不斷地成就眾生的成熟。如菓子初生的時只有發育，不到成熟不能食，故未成熟的菓子是苦澀的，到了長大時必須使其成熟故應與以殺氣才能成熟，有生就應有殺，加了殺氣之後成熟了，菓子就掉下來，以世間看來是死，故有生必有死，這種生殺的權柄是祂獨有，萬物皆然，是祂自然興起的，故云生殺威權我自興。祂恐怕其創造落空，不斷地動祂的腦筋使其創造不空成就，這些都是祂為眾生的煩惱。這煩惱還是祂老人家的本誓云密號，本有功德也。

六道輪回戲三昧，三界匯納在一心，魑魅魍魎邪精怪，妄為執著意生身。

大我體性的創造中有動物植物礦物，動物有人類，禽獸，水族，蟲類等具有感情性欲之類，植物乃草木具有繁愆子孫之類，礦物即礦物之類。其中人類的各種機能組織特別靈敏，感情愛欲思考經驗特別發達，故為萬物之靈長，原始時代大概相安無事的，到了文明發達就創了禮教，有了禮教擬將教化使其反璞歸真，創了教條束縛其不致出規守其本分，卻反造成越規了，這禮教包括一切之法律，法律並非道之造化法律，故百密一漏之處在所難免，有的法律是保護帝王萬世千秋不被他人違背而設的，不一定對於人類自由思考有幫助，所以越嚴格越出規，所以古人設禮出有大偽，人類越文明越不守本分，欲望橫飛要衝出自由，自由是萬物之特權之性，因此犯了法律就成犯罪。罪是法沒有自性的，看所犯之輕重論處，或罰款或勞役或坐牢，期間屆滿就無罪了。但犯了公約之法律或逃出法網不被發現，其人必會悔而自責，誓不復犯，那麼此人的心意識就有洗滌潛意識的某程度，此人必定還會死後再生為人，若不知懺悔但心中還常感苦煩，死後一定墮地獄，若犯罪畏罪而逃不敢面對現實，心中恐懼怕人發現，這種心意識死後會墮於畜生道。若人欲望熾盛欲火衝冠，死後必定墮入餓鬼道。若人作善意欲求福報死後會生於天道，人心是不定性的，所以在六道中出歿沒有了時，因為它是凡夫不悟真理才會感受苦境。苦樂感受是三界中事，若果修行悟了道之本體，與道合一入我我入，成為乾坤一人的境界，向下觀此大道即是虛出歿的現象，都是大我的三昧遊戲罷了，能感受所感受的三界都是心，不但三界，十界亦是心，故三界匯納在一心。魑魅魍魎邪精怪是山川木石等孕育天地之靈氣，然後受了動物之精液幻成，受了人之精液即能變為人形，受了猴之精液變猴，其他類推，這種怪物即是魔鬼，它不會因過失而懺悔，任意胡為，它的心是一種執著意識，以其意而幻形，此名意成身，幻形有三條件，一是幽質，二是念朔材質，三是物質，比如説我們要畫圖，在紙上先想所畫之物，這是幽質，未動筆時紙上先有其形了，其次提起鉛筆繪個形起稿，此即念朔材質，次取來彩色塗上，就變成立體之相，幾可亂真了。

喑啞蒙聾殘廢疾，病魔纏縛自迷因，心生覺了生是佛，心佛未覺佛是生。

人們自出生時或出生了後，罹了喑啞、或眼盲、或耳聾或殘廢疾病，都與前生所作的心識有關，過去世做了令人憤怒而被打了咽喉、或眼目、或殘廢、或致了病入膏肓而死，自己還不能懺悔，心中常存怨恨，這種潛意識帶來轉生，其遺傳基因被其破壞，或在胎內或出生後會現其相。前生若能以般若來觀照五蘊皆空，即可洗滌前愆甚至解縛證道，眾生因不解宇宙真理，執著人法故此也。人們的造惡業亦是心，心生執著而不自覺即迷沉苦海，若果了悟此心本來是佛性，心生迷境而能自覺了，心即回歸本來面目，那個時候迷的眾生就是佛了。這心就是佛，因眾生迷而不覺故佛亦變眾生，是迷悟之一念間，人們應該在心之起念間要反觀自照以免隨波著流。

罪福本空無自性，原來性空無所憑，我道一覺超生死，慧光朗照病除根。

罪是違背公約的代價，福是善行的人間代價，這都是人我之間的現象界之法，在佛性之中都沒有此物，六道輪迴之中的諸心所法是人生舞台的法，人們只迷於舞台之法，未透視演戲之人，戲是假的演員是真的，任你演什麼奸忠角色，對於演員本身是毫不相關的，現象無論怎麼演變，其本來佛性是如如不動的，所以世間之罪福無自性，原來其性本空，沒有什麼法可憑依。戲劇中之盛衰生死貧富根本與佛性的演員都沒有一回事。《法華經》中的〈譬喻品〉有長者子的寓意故事，有位長者之子本來是無量財富，因出去玩耍被其他的孩子帶走，以致迷失不知回家，成為流浪兒，到了長大還不知其家，亦不認得其父母，父母還是思念，但迷兒流浪了終於受傭於其家為奴，雙方都不知是父子關係，有一天來了一位和尚，是有神通的大德，對其父子說你們原來是父子，那個時候當場互為相認，即時回復父子關係，子就可以繼承父親的財產了。未知之前其子還是貧窮的，了知之後就成富家兒了，故喻迷沉生死苦海的眾生若能被了悟的大德指導，一覺大我之道就超生死迷境了。了生死是瞭解生死之法本來迷境，這了悟就是智慧，智慧之光朗照，即業力的幻化迷境就消失，病魔之根就根除了。

阿字門中本不生，吽開不二絕思陳，五蘊非真業非有，能所俱泯斷主賓。

阿字門即是涅盤體，是不生不滅的佛性本體，了知諸法自性本空沒有實體，眾生迷於人法，《金剛般若經》中說的四相，我相、人相、眾生相、壽者相，凡夫迷著以為實有，四相完全是戲論，佛陀教吾們要反觀內照，了知現象即實在，要將現象融入真理，我與道同在，我與法身佛入我我入成為不二的境界，這不二的境界是絕了思考的起沒，滅了言語念頭，靈明獨耀之境界，所有的五蘊是假的，這五蘊堅固就是世間所云之靈魂，有這靈魂就要輪迴六趣了，有五蘊就有能思與所思的主賓關係，變成心所諸法而執著，能所主賓斷了，心如虛空，心如虛空故與道合一，即時回歸不生不滅的阿字門。不然的話，迷著於色聲香味觸之法而認為真，故生起貪愛、瞋恚、愚癡等眾蓋佛性，起了生死苦樂感受。諸法是戲論，佛性不是戲論，佛陀教吾們不可認賊為父。

了知三世一切佛，應觀法界性一真，一念不生三三昧，我法二空佛印心。

應該知道三世一切的覺者是怎樣成佛的。要了知一個端的應觀這法界森羅萬象是一真實的涅盤性所現，這是過去佛現在佛未來佛共同所修觀的方法，一念生萬法現，一念若不生就是包括了無我、無相、無願三種三昧，這種三昧是心空，不是無知覺，是視之不見、聽之不聞的靈覺境界，此乃一真法性當體之狀態，我執法執俱空即是入我我入，佛心即我心，我心即佛心，達到這境界即入禪定，禪是體，定是心不起，二而一，眾生成佛。釋迦拈花迦葉微笑即此端的，因為迦葉等五百羅漢，均是不發大心的外道思想意識潛在，故開了方便手拈畢波羅花輾動，大眾均不知用意，但都啞然一念不生注視著，這端的當體即佛性本來面目，可惜錯過機會，只有迦葉微笑表示領悟，自此別開一門的無字法門禪宗，見了性後不能發大心都是獨善其身的自了漢。

菩薩金剛我眷屬，三緣無住起悲心，天龍八部隨心所，神通變化攝鬼神。

羅漢在高山打蓋睡，菩薩落荒草，佛在世間不離世間覺，羅漢入定不管世事眾生宛如在高山睡覺，定力到極限的時候就醒來，會起了念頭，就墮下來了，菩薩是了悟眾生本質即佛德，已知迷是苦海，覺悟即極樂，菩薩已徹底了悟了，它就不怕生死，留惑潤生，拯救沉沒海中的眾生，如人已知水性了，入於水中會游泳，苦海變成泳池，眾生是不知水性故會沉溺，菩薩入於眾生群中，猶如一支好花入於蔓草之中，鶴立雞群，一支獨秀。佛世間、眾生世間、器世間，都是法界體性所現，在世間覺悟道理了，就是佛，所以佛在世間並無離開世間。佛是世間眾生的覺悟者，菩薩為度眾生而開方便法門，但有頑固的眾生不受教訓，菩薩就起了忿怒相責罰，這就是金剛，這是大慈大悲的佛心所流露之心所，其體即佛，心王心所是佛之眷屬，這種大慈大悲的教化眾生之心所，是沒有能度所度及功勞的心，無住生心，歸納起來菩薩金剛都是大悲毘盧遮那之心。此心即佛心，要度天或鬼神就變化同其趣。如天要降雨露均沾法界眾生就變天龍，要守護法界眾生就變八部神將，都是大日如來心所所流出的。祂的神通變化是莫測的，不但能度的菩薩金剛，連鬼神之類亦是毘盧遮那普門之一德，普門之多的總和即總持，入了總持即普門之德具備，這總持即是心。

無限色聲我實相，文賢加持重重身，聽我法句認諦理，一轉彈指立歸真。

心是宇宙心，心包太虛，太虛之中有無量基因德性，無量基因德性即普門，色即現前之法，聲即法相之語，語即道之本體，有其聲必有其物，有其物即有其色相，無限的基因德性，顯現無限不同法相，能認識之本體即佛性智德，顯現法相之理即理德，智德曰文殊，理德曰普賢，法界之森羅萬象即此理智冥加之德，無量無邊之理德及無量無邊之智德，無論一草一木都是此妙諦重重冥加的總和，只是基因德性之不同，顯現之物或法都是各各完成其任務之相。若不如是萬物即呈現清一色、一味、一相，都沒有各各之使命標幟了。這無限無量的基因德性曰功德，這功德都藏於一心之如來藏中，凡夫不知故認後天收入的塵法為真，將真與假合壁，成為阿賴耶識，自此沉迷三界苦海了，人們若果聽了這道理而覺悟，即不起於座立地成佛了。

— 完 —

智理文化系列

《密教「四度加行」真言之解析》

作者
玄覺

編輯
玄蒔

封面設計
曾慶文

美術統籌
莫道文

美術設計
曾慶文

出版者
資本文化有限公司
地址：香港中環康樂廣場1號怡和大廈33樓3318室
電話：(852) 2850 7799
電郵：info@capital-culture.com
網址：www.capital-culture.com

鳴謝
宏天印刷有限公司
地址：香港柴灣利眾街40號富誠工業大廈A座15字樓A1, A2室
電話：(852) 2657 5266

出版日期
2022年7月第一次印刷

ISBN 978-988-75034-0-8
Published in Hong Kong